JN077195

認知行動療法[ベーシック]

コミュニケーションのあり方と効果的なカウンセリングスキル

The Basics of Cognitive Behavior Therapy

谷口知子 ● 著
Tomoko Taniguchi

金子書房

はじめに

　近年では，あらゆる物事に対してスピード感が求められるようになり，カウンセリングや心理療法においても，より短期的にあるいは簡易的に問題解決できるような支援方法が求められています。

　しかし，私たちの問題は1つではなく，いくつもの問題が複雑に絡み合っています。例えば，職場において業務やキャリアの相談を受けたとしても，実はプライベートな問題が存在していたり，上司や同僚とのコミュニケーションの問題が隠れていたり，その他，メンタルヘルスにかかわる問題を抱えていることも少なくありません。そのうえ援助職ともなれば，医療，教育，産業，司法，福祉と，相談を受ける分野において多様な対応が求められることになります。

　このようなあらゆる方向から求められるニーズへの対応として，2つの理由から認知行動療法の理論やスキルが広く役立つと考えています。1つは，認知行動療法とは，「行動療法系」と「認知療法系」の流れを併せもち，多くの理論から成り立っていますので，問題に対して幅広い対応ができる可能性があること，それに加えてエビデンスも多いので，より効果的な問題解決が望めることです。

　そして，もう1つは，認知行動療法ではクライエントとの協働的な関係性を大事にし，「支持」と「指示」をうまく使って援助を行いますので，クライエントとの関係づくりが円滑になり，クライエントが望む目的地へと到達しやすくしてくれることです。つまり，認知行動療法のコミュニケーションのあり方は，クライエントとの間に素早くラポールを形成させ，そこからしっかりとした治療同盟へと発展させてくれますので，よりよいコミュニケーションの中で問題解決を目指すことができます。

　したがって，どんな技法を使うにも，その技法をより有効に活かすことができますし，むしろ技法を用いずとも，認知行動療法の理論に拠って立つかかわりができることで，問題解決へと導きやすくなり，カウンセリング全体の流れ

や結果が全く違ったものになるといえます。

　そこで，本書の特徴としては，認知行動療法そのものが短期的な心理療法ではありますが，認知行動療法の実践的なコミュニケーションのあり方に重点を置き，各種援助職（特に初心者心理カウンセラーやコンサルタント）の方が，認知行動療法の理論やスキルを用いた短期的なカウンセリングやブリーフセッションができる「セラピスト」として，まずそのベースとなる基本的な知識やスキルを身につけることを目的としました。

　「セラピスト」とは，本来，心理療法を行う者を指しますが，ここでは資格や立場に関係なく「認知行動療法理論に拠って立つ援助者（専門家）」であるとして「セラピスト」に統一しています。

　また，初学者であれば，これからは専門家としての技術を高めていくことが求められますので，あえて認知行動療法で多用される言葉を用いて，認知行動療法の世界を深めることができるようにしています。

　その一方で，初学者でも理解できるようにできるだけステップを細分化して説明を繰り返し入れています。講座の中では，認知行動療法としてのコミュニケーションの流れやかかわり方を重視して説明していますが，しかしまた，コミュニケーション自体が，言語内容，非言語メッセージ，技法効果，焦点化による効果などが同時に発信されるものでもありますので，それらを細分化して説明するには限界もあり，その点についてはワークを重ねて体験しながら習得できるように配慮しています。

　認知行動療法を学ぶにあたり，まずはこの認知行動療法［ベーシック］で認知行動療法のコミュニケーションや基礎力を習得することでラポール形成の土台を作り，その上にあらゆる専門性や実践的なスキル，知識を積んでいくことができるようになっています。

　したがって次のステップとしては，産業，医療，教育，福祉，司法とそれぞれの領域に応じた専門性や認知行動療法のスキルを習得することで専門家としてのクオリティが上がり，あらゆる問題を抱えるクライエントをしっかり支援できる実践的な「セラピスト」になることができます。

　ぜひ，認知行動療法の実践的なコミュニケーションやスキルを用いた効果的なカウンセリングスキルを習得され，皆さまの援助活動の一助としてご活用し

ていただくことで，皆さまがこれからあらゆる分野の中でご活躍されることを
願っています。

2021 年 8 月

谷口知子

C O N T E N T S

....

....

第 2 章　コミュニケーションと関係性構築

第**1**章

認知行動療法の基本を理解する

認知行動療法 (CBT : Cognitive Behavior Therapy) とは

　認知行動療法とは，人間の認知（思考），行動，情動（情緒・感情），生理に関する問題を解決しようとする治療方法の総称であり，一般的には「個人の行動と認知の問題に焦点を当て，そこに含まれる行動上の問題，認知の問題，感情や情緒の問題，身体の問題，そして動機づけの問題を合理的に解決するために計画された構造化された治療法であり，自己理解に基づく問題解決と，セルフ・コントロールに向けた教授学習のプロセス」（坂野，2005）と定義されています。

　認知行動療法は，これまでの発展過程において幅広くその効果が検証され続ける中で技法が開発され，体系化されて（表 1-1），今では欧米をはじめとするたくさんの国々で広く使われるようになってきました。「現時点では 500 以上もの効果研究が行われ，精神医学的な諸障害，心理学的な諸問題，そして医学的な諸問題における心理学的要因など，幅広い対象に対する効果が示されて」（ジュディス S. ベック，2015），現在の日本においても診療報酬点数が適用される唯一の心理療法となっています。

　つまり，これまでにうつ病，不安障害，パーソナリティ障害，摂食障害，統合失調症などの精神疾患に対する治療効果と再発予防効果を裏付けるエビデンス（実証的な証拠）が数多く報告されてきましたが（表 1-2），いまや精神疾患だけにとどまらず，日常のストレス対処や他の領域への適応にも実証されてきており，認知行動療法はあらゆる問題に対応しうる心理療法だといえるまでに発展してきているのです。

表 1-1：さまざまな認知行動療法

鈴木・神村，坂野監修（2005）『実践家のための認知行動療法テクニックガイド』北大路書房，p.162

系統的脱感作法	認知再構成法（認知再体制化）
暴露反応妨害法	自己教示訓練
不安管理訓練	思考中断法
主張訓練	帰属療法
社会的スキル訓練	モデリング療法
応用行動分析	セルフコントロール法
トークンエコノミー法	ストレス免疫訓練法
ハビットリバーサル法	問題解決療法
シェイピング法	合理情動行動療法
セルフモニタリング法	弁証法的行動療法
リラクセーション法	
エクスポージャー法	
EMDR（Eye Movement Desensitization and Reprocessing）	
CBASP（Cognitive Behavioral Analysis System of Phychotherapy）	
ACT（Acceptance Commitment Therapy）	

表 1-2：認知行動療法の効果が高いことが示されている障害と問題のリスト（一部）

ベック，伊藤ほか訳（2015）『認知行動療法実践ガイド：基礎から応用まで　第2版』星和書店，p.5

精神医学的な障害	心理学的な問題	医学的な問題における心理学的要因
大うつ病性障害	カップルの問題	慢性腰痛
老年性うつ病	家族の問題	鎌状赤血球症による痛み
全般性不安障害	病的賭博	偏頭痛
老年性不安	複雑性悲嘆	耳鳴り
広場恐怖	介護者のストレス	癌による痛み
社交恐怖	怒りと敵意の問題	身体表現性障害
強迫性障害		過敏性腸症候群
行為障害		慢性疲労症候群
物質乱用		リウマチ性疾患による痛み
注意欠如／多動性障害		勃起不全
健康不安		不眠症
身体醜形障害		病的肥満
摂食障害		外陰部疼痛症
パーソナリティ障害		高血圧症
性犯罪		湾岸戦争症候群
習慣の障害		
双極性障害		
（薬物療法と併用）		
統合失調症		
（薬物療法と併用）		

認知行動療法の歴史的背景

　それでは，認知行動療法の創始者は誰なのか，ということになりますが，認知行動療法は「行動療法（behavior therapy）」と「認知療法（cognitive therapy）」という大きな2つの流れから，それぞれの研究の蓄積と臨床的な実践によって体系化されてきたという歴史をもっています。つまり，認知行動療法の歴史とは「行動療法」と「認知療法」の2つの心理療法から成り立ち，狭義には行動療法と認知療法が重なった部分をいいますが，現在では，行動療法と認知療法を足し合わせた全体を「認知行動療法」とする広義の見方が主流となっている（丹野，2008）ので（図1-1），他の心理療法とは違って創始者を一人には限定できないという特徴があります（「認知行動療法」という言葉自体は，ストレス免疫訓練の創案者であるマイケンバウム（Meichenbaum, D.）

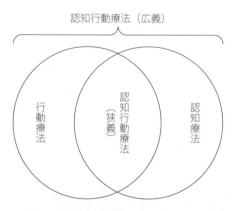

図1-1：認知行動療法とは
丹野（2008）「認知行動療法とは」内山・坂野編
『認知行動療法の技法と臨床』日本評論社，p.3

が自著で初めて用いたとされています)。

　そこで，それぞれの流れから両者の理論や力点には多少の違いがみられますので，本書ではそれぞれの考え方を大事にしながらも認知療法系認知行動療法の考え方に基づいて説明しています。

1. 行動療法の歴史

　行動療法は，1950 年代から台頭してきた学習理論に基づく心理療法で，複数の理論や技法から成る心理療法です。行動療法の歴史は，他の心理療法のように臨床経験や人間の病理，人間観などをもとに出発した心理療法ではなく，むしろ臨床の外にあった行動理論研究を臨床に応用した形で始まっています。したがって，理論も方法も対象もさまざまに異なっていますが，それらに共通していえるのは「実験的に裏付けられた学習理論の諸原理を行動変容に応用している」という点です。

　その行動理論研究の起源として，パヴロフ（Pavlov, I.）の条件反射理論や，ソーンダイク（Thorndike, E.）の試行錯誤学習，S-R 理論（stimulus-response theory）を背景とするワトソン（Watson, J.）による行動主義心理学などがあります。特に，ワトソンの「客観的に観察可能な行動のみを心理学の研究対象にすべきである」とした考えは，その後の心理学研究の動向に大きな影響を与えました。

　また，1959 年にアイゼンク（Eysenck, H.）も，それまで心理療法の理論として絶対視されていた精神分析理論の考え方「問題行動の根底にある無意識の関与」に疑問を提して，精神分析理論の妥当性や治療効果に疑問を投げかけました。さらに，心理療法の治療効果を科学的に実証し，その事実に基づいて体系化していく必要性を指摘して，著書『行動療法と神経症』（*Behavior Therapy and the Neuroses*, Eysenck, 1960）の中で行動療法を紹介してから広く普及したとされ，今日まで問題行動の修正を目的とした介入法として体系化されてきた心理療法です。

　なお，行動療法という用語自体はスキナー（Skinner, B.）が初めて用いたとされ，行動療法の定義はウォルピ（Wolpe, J.）が「学習の原理やパラダイ

ムを適用し，不適応的習慣を克服する方法である」としています。

　しかしまた，行動理論は動物実験を中心に構築された学習理論に基づいて体系化されてきましたので，人間の行動の説明や学習のメカニズムを説明するには不備があることを次第に指摘されるようになりました。

　1970年代に入ると，スキナーなどによるオペラント条件づけを背景とした応用行動分析が開発される一方で認知心理学の隆盛に伴い，行動療法においても人間の行動をよりうまく説明するために「認知」の役割が重視されはじめると，認知要因を組み入れたさまざまな行動理論が展開されました。1969年にはバンデューラ（Bandura, A.）の社会学習理論が，1980年代にはベック（Beck, A.T.）の認知療法が統合されるなど，いうなれば，行動療法の理論や技法は1つの理論を中心に修正，拡大，発展してきたというよりも，このように新しい理論や技法が新たに追加されながら拡大され発展してきたといえます。

　現在では，行動療法理論の大枠として「新行動S-R理論」「応用行動分析理論」「社会学習理論」「認知行動療法理論」の4つに分けることができ，これからも学習理論に基づいた基礎科学の発展や臨床実践の結果から新しい理論枠や方法が追加されて，発展し続けるものと考えられます。

2. 認知療法の歴史

　認知療法は1960年代初頭に，精神分析の流れを汲んだベックによって提唱された心理療法です。科学者でもあり精神分析の実践家でもあったベックは当初，精神分析理論の妥当性を実証しようとしていましたがその妥当性は見つからず，それよりもうつ病患者のもつ「自動的」で「ネガティブ」な思考が感情と強く結びついていることと，この種の思考がパターン化していることがうつ病の症状を発現・維持させていることに気づきました。そこでそのパターン化した思考を同定し，評価するように手助けをしたところ，患者たちは速やかに回復に向かったのです。

　1977年にこの新しい治療法の効果実証をあげて以降，ネガティブな思考を同定し評価したり，行動を活性化したり，問題解決を行って気分を改善させる

よう患者の手助けをすることに焦点を当てながら認知療法を展開させてきました。ジュディス S. ベック（2015）によれば「ベックの認知療法は，構造化された，短期の，現在志向的な心理療法であり，非機能的な（正確ではない，そして／あるいは，有用でない）思考や行動を修正し，今抱えている問題を解決しようとするもの」とされています。提唱されて以来，改良と実証を重ねて多種多様な問題に適用できるように構築されてきました。

　なお，エリス（Ellis, A.）による論理情動行動療法（REBT：rational emotive behavior therapy），マイケンバウムによるストレス免疫訓練（stress inoculation training）なども認知的側面に関与する方法であり，認知療法の近縁といえます。

　このように，認知療法も行動療法も認知的な戦略と行動的な戦略から構成されていること，しかも認知療法の行動的な戦略として用いられる方法には，従来の行動療法によって開発されたものと共通する部分も多くみられるなどの背景から，認知療法と行動療法の統合を試みる認知行動療法が誕生することになりました。

　現在では認知療法という用語は「認知行動療法」とほぼ同義とされ，実質的な差異はないとしています。

3. 認知行動療法の第三世代

　以上のような，1950 年代以降を中心に提唱された行動療法，すなわち，レスポンデント条件づけやオペラント条件づけなどの，学習理論に基づき行動を修正する心理療法は第一世代と呼ばれています。また，1950 年代後半から 1960 年代初頭にかけて提唱された，認知療法をはじめとする認知的側面にも焦点を当てた認知行動療法は第二世代と呼ばれています。

　さらに，1990 年代以降に登場した新しい認知行動療法の流れを第三世代といい，リネハン（Linehan, M.）による「弁証法的行動療法（DBT：dialectical behavior therapy）」，シャピロ（Shapiro, F.）による「眼球運動による脱感作と再処理法（EMDR：eye movement desensitization and reprocessing）」，「マインドフルネス認知療法（MBCT：mindfulness-based cognitive therapy)」,「アクセプタンス・アンド・コミットメントセラピー（ACT：acceptance and commitment therapy)」などが注目されています。マインドフルネスとは，こころの動きへの気づきを意味し，アクセプタンスは「今ここ」のこころの動きに対して判断を介せずに受け取ることで，人間性心理学の考えや東洋的思想にも反映されています。第三世代では，このマインドフルネスとアクセプタンスを重視することが全体の共通点といえます。

　また，「世代」というと，「古いものよりも新しいものを学ぶがよい」と考えがちですがそうではなく，「第三の波」と呼ばれるように，第一，第二の波に重なって拡がっていくイメージに近いといえます。世代は分けられていますが全てが独立しているわけではなく，より高い治療効果が得られるように工夫されて融合しているものもあります。

　なお，本書で紹介している「行動活性化」は，第三世代の中でも最もエビデンスを出している心理療法です。

4. 簡易型（低強度）認知行動療法

　このような歴史の中で，精神疾患の治療法である個人精神療法として「定型的（高強度）認知行動療法（High-Intensity CBT)」が構造化されてきました。しかし，近年ではこの定型的認知行動療法の考え方をより簡便に，効果的に用いた「簡易型（低強度）認知行動療法（Low-Intensity CBT)」が開発され，注目を浴びています。「Low-Intensity」をそのまま訳せば「低強度の」という意味になりますが，大野・田中（2017）は「少ないマンパワーで効果のある認知行動療法を提供できるようにしたアプローチ」であるとして，手順を簡素化したという意味を込めて「低強度」ではなく「簡易型」という表現を使っていますので，本書もそれに従います。

　簡易型認知行動療法とは，「定型的認知行動療法で使われるアプローチを基礎にしながら，書籍やインターネットなども活用して，より多くの人が容易に効果的な精神保健・医療サービスを受けられるようにしたもの」（大野・田中，2017）で，一人のユーザーに対しかかる人員や時間を少なくしながら効率よく実施できるアプローチであるといえます。例えば，インターネット上のサ

イトを用いた認知行動療法「インターネット認知行動療法（ICBT：Internet-delivered Cognitive Behavioral Therapy）」や，認知行動療法の考え方に基づく集団教育や集団療法，そして，e - ラーニングもこの簡易型認知行動療法に含まれます。簡易型認知行動療法を実施することでストレス対処能力が高まりますので，医療はもちろんのこと，産業，地域，教育現場などで広く使われています。

認知行動療法の特徴

　認知行動療法は，個々の現場やクライエントに合わせて調整されることがありますが，全てのケースに共通する基本的な原則があります。
　以下に示した認知行動療法の特徴の中でも特にブリーフセッションに効果があるのは，「協働的経験主義」「構造化」「心理教育」「実践的な技法」「ホームワーク」とされています。

(1) 回数や期間を制約のあるものとして考える

　併存症を伴わない単純なうつ病や不安症などの，それほど複雑ではないクライエントに対しては，定型的認知行動療のセッションでも一般的に 5 〜 20 回（1 回 45 〜 50 分間）など，短期間で実施されることが多いです（厚生労働省「うつ病の認知療法・認知行動療法治療者用マニュアル」：1 回 30 分以上の面接を 16 〜 20 回）。
　しかし，全てのクライエントがほんの数か月のセッションで十分に回復できるわけではなく，併存症を伴っている場合や，慢性，抵抗性の症状を伴ってい

る場合（パーソナリティ障害，統合失調症，双極性障害，神経発達症群など）には長期間にわたって定期的にセッションを実施し，安定した状態を維持させる必要があります。

　したがって，クライエントの状態に合わせて延長することも検討しながら行うことが推奨されています。

(2)「今・ここ（here and now)」で起こっていることに焦点を当てる

　まず，クライエントが今，現実に抱えている問題と，悩ませている具体的な状況に焦点を当てて「今・ここの問題（here and now problems)」を検討します（問題志向型アプローチ）。理由としては，現在の出来事に対する反応は遠い過去の反応よりも対処しやすく確認しやすいので，現在の絶望感や無力感，そして症状に対抗するのに役立ちますし，その他クライエントとの関係において依存と退行を抑えることができるからです。

　ただし，クライエントが過去に焦点を当てたいと強く希望して，そうしなければ治療同盟が危機に陥る場合や，クライエントの非適応的な思考が強固で，その固定された思考を修正するために幼少期に形成された信念や対処行動について理解することが役立つと考えられる場合には，過去について話し合うことが有用となります。

(3) 協働的経験主義（collaborative empiricism）

　治療同盟を重視するのは，精神力動的な心理療法や非指示的な心理療法などのその他の心理療法と共通していて，認知行動療法にも信頼関係を築く能力（温かさ，共感，純粋な関心など）が求められます。ただし，他の心理療法と比べた場合，認知行動療法にみる治療同盟は協働作業に重点を置き，経験を中心に据えて行為志向的介入を用いるという点で異なります。

　つまり，認知行動療法では，クライエントの考えや思いこみをセラピストとクライエントが一緒になって「科学者」のように検証していく「協働的経験主義」と呼ばれる関係の重要性が強調されていますので，セラピストは極めて協働性の高いプロセスの中でクライエントにかかわりながら目標やアジェンダ（課題）を設定したり，フィードバックのやりとりなどを行います。

また，技法をホームワークとして日常生活の行動に組み入れて実践し，それが有効であったかどうかを「経験」に基づいて吟味します。この「経験」というレンズをとおして「認知の歪み」と非生産的な「行動パターン」を捉えることで合理性を高め，問題を軽減し，クライエントが有効に動けるように支援します。

　ブリーフセッションを効果的にする特徴の中でも「協働的経験主義」は最も重要な特徴で，協働的な関係を築くことを最優先にすることでブリーフセッションの効果を高めることができるのです。

（4）ソクラテス式質問法（ソクラテス式問答）

　認知行動療法では，協働的経験主義的な関係を重視することからクライエントの主体性を尊重し，クライエントが自分の意見を表現しやすい雰囲気を作り出しながら自分で答えを見つけ出していけるように手助けをします。そのために，クライエントの好奇心や知的欲求を刺激するような質問をしたり，クライエントから引き出すような質問「ガイデッド・ディスカバリー（guided discovery：誘導による質問）」をしたりします。「ガイデッド」とは導くことを，「ディスカバリー」とは何かを発見することを意味しています。

　ガイデッド・ディスカバリーを使うことで，クライエントが自分で現実を見つめて解決方法を発見できるように援助しますが，その発見を促す手段として「ソクラテス式質問法」などの質問方法があります。ソクラテス式質問法はクライエントの考えを浮き彫りにしてクライエントの非機能的な思考パターンや行動を明らかにしてくれますが，そこからセラピストの導きたい方向に誘導するのではなく，あくまでもセラピストはガイド役として，クライエントが現実を見つめて自分で解決方法をディスカバリー（発見）できるように援助することが大切です。

（5）心理教育と再発防止

　認知行動療法が心理教育を重視するのは，クライエント自身がいずれは「セルフセラピスト」として自己管理ができるようになるのを目標とするからです。つまり，クライエントが自分自身のセラピストになって強いストレス場面

表 1-3：構造化の効果

・方向性が明確になり，進捗状況が把握できる。
・アジェンダが明確になる。
・脱線を避ける。
・フィードバックをやりとりして，理解内容を確認できる。

表 1-4：セッション構造の例

[すでに認知行動療法を行うと決まっているケースの例]

〈導入の段階〉
　関係性の構築と動機づけを高め，認知行動療法へ導入する
- 自己紹介
- アセスメント情報の取り扱いと守秘義務について説明
- 認知行動療法の進め方について説明
- 協働関係の構築と動機づけの促進

〈見立ての段階〉
　クライエントの抱える問題について，詳細に理解する
- アセスメント
- 事例概念化・定式化

〈介入の段階〉
　認知行動療法の介入計画を立てて介入を開始する
- 当面の作業仮説と目標設定
- 効果が予想される技法の情報提供，選択，試行，検証

〈終結の段階〉
　認知行動療法の終結に向けた準備をする
- 終結前に再発予防
- 次第に面接期間を空けながら終結へ
- クライエントがセルフセラピストになれるようにサポート

や症状に自分で対処できるようになり，獲得したスキルを使用し続けることで再発のリスクを軽減したり，問題を回避することができるようになります。特にブリーフセッションの場合は，心理教育的な側面が若干強くなる傾向があります。

　セッションではさまざまな心理教育的手法が用いられますが，それらは講義形式ではなく，クライエントが学習にかかわれるような工夫を心がけてください。

(6) 構造化

　各セッションを構造化することで効率と効果（表1-3）を最大化し，それによってクライエントの理解が深まりますので，終結後も自分で認知行動療法を使える可能性が高くなります。ブリーフセッションであればなおさらアジェンダをすみやかに設定し，限られた時間内で取り組めるように特定の問題に的を絞って効果的なペース配分にします。

　認知行動療法全体の構造は，「導入の段階」「見立ての段階」「介入の段階」「終結の段階」に分けられ，前期，中期，後期で項目の量やセッションの内容が変化します（表1-4）。

　また，各セッションの構造は，「導入部分」「相談・対処部分」「終結部分」の3つのパートに分けることができます（第3章で紹介します）。

(7) 認知的技法と行動的技法（実践的な技法）

　認知行動療法における認知的技法と行動的技法にさまざまな種類がある背景についてはすでに説明したとおりですが，認知行動療法ではあらゆる目標の達成に向けて，主に行動面に働きかける「行動的技法」と，主に認知面に働きかける「認知的技法」を相補的に使用します。アセスメントから得られた情報，生育歴，生物学的要因，社会的影響などを考慮して，クライエントを多面的，包括的に理解したうえで（事例概念化・定式化），どのような技法を使うかの戦略を立てていきます。各技法は，クライエントをどのように概念化したか，どのような問題に焦点を当てるのか，そしてセッションの目的は何かといった視点から選択されます。

また，認知行動モデルにおいては，認知と行動の関係が双方向的であることを強調しています。つまり，認知的介入がうまく実行されれば行動にもよい影響がもたらされますし，行動的介入からプラスの行動変化があれば一般的には考え方の改善や望ましい認知的変化に結びついていきます。

(8) ホームワーク

　認知行動療法においてホームワークは，付加的なものではなくむしろ中心的なものだといえます。ホームワークの実施は，通常セッション以外の時間に行いますので，セッションとセッションの間の時間を有意義に使うことになり，ホームワークをきちんと実施できた場合にはその効果もより高くなるといわれています。なぜなら，ホームワークを行うことで治療同盟が強化されますし，生活の中でホームワークを実施すると，クライエントの現状課題を発見しやすくなって問題解決へと導きやすくなるからです。

　また，最も重要な役割は，現実に抱えている問題に対処するためのスキルを育成することです。個々のセッションで取り組んだアジェンダをホームワークにすることで，次回のセッションとの橋渡し役となってセッションを構造化してくれますし，もし，クライエントがホームワークをしてこない場合や，ホームワークに苦労している場合であっても，それをセッションで取り上げて話し合うことで有益な情報が得られます。

　セッションの枠を超えて学習でき，現実場面でスキルを獲得できるホームワークこそ，ブリーフセッションにおいて極めて役に立つ特徴といえます。

認知行動療法の基本概念

　認知行動療法の支援方法をわかりやすく理解するために，中国（老子）の言葉「授人以魚 不如授人以漁」（起源は諸説あります）によく喩えられることがあります。これを訳すと，「魚を与えるのではなく，魚の釣り方を教えよ」という意味になります。すなわち，飢えている人に魚をあげればすぐに飢えをしのぐことはできますが，すぐに食べ尽くしてしまうので，魚を食べてしまった後には再び生命の危機にさらされることになります。一方，魚の釣り方を教えたならば，お腹が空いたときにはいつでも自分で魚を釣って自分で空腹を解決することができるので，一生食べていくことができるようになるのだと伝えています。

　認知行動療法も同様に，直面する問題を解決しようとするだけでなく将来同じような問題が生じたときにも解決できるように，クライエントが自分の問題を同定できるようにしたうえで，その問題を自分で解決できるところへ導くことを目指します。このような発想から以下の理論に基づいてクライエントを全人的に理解していきますが，行動療法系と認知療法系で強調点が多少異なりますので分けて説明します。

1-1.［行動療法系］認知行動療法の基本理念

　定義に基づき，認知行動療法では，クライエントの抱える問題を6つの観点から構造化して理解します（図1-2，表1-5）。

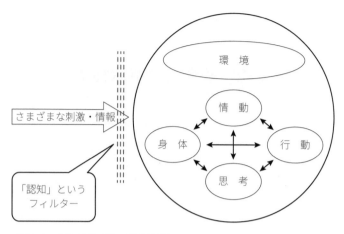

図 1-2：認知行動療法の基本的発想
坂野（2005）「認知行動療法の基本的発想を学ぶ」『こころの科学』121　日本
評論社，p.27

表 1-5：クライエントの問題を整理する 6 つの観点
坂野（2005）「認知行動療法の基本的発想を学ぶ」『こころの科学』121　日本評論社，p.27 を基に作成

【環境の問題】　　人間関係や生活環境の中にあるさまざまな手がかりに問題がある場合
【行動の問題】　　振る舞いや態度，行動に問題が見られる場合
【認知の問題】　　考え方，考え方のスタイルに問題が見られる場合
【情緒の問題】　　感情，気分面での問題
【身体の問題】　　身体的症状に問題の見られる場合
【動機づけの問題】　　生活活力や興味，関心，動機づけに問題の見られる場合

つまり，クライエントが訴えるさまざまな問題や症状は，表1-5のような6つの観点から捉えることができ，問題が各側面から起きていることもあれば，それぞれの問題が絡み合い，互いに影響を及ぼし合って問題が起きている場合もあります。したがって，坂野（2005）は，クライエントが「どのような環境の中で，どのように振る舞い，どのように考え，どのような動機づけ面での問題をもち，同時に彼らがどのような感情や情緒の問題をもち，どのような身体の変化が出ているか」という観点からクライエントの問題を整理する必要性を指摘しています。

1-2.［行動療法系］機能分析

　クライエントの問題を整理する際に，クライエントが抱える問題を「機能分析（functional analysis）」するところにも，認知行動療法の特徴があります。機能分析とは，心理的問題を引き起こす要因になっている変数を行動の連鎖に沿って明確化する方法のことです。

　機能分析するためには次の3つの情報を収集してその関連性を明らかにする必要があり，そうすることでクライエントの問題を行動から理解していきます。

① 先行条件・先行刺激［S：Stimulus］
　　：問題を引き起こす刺激（きっかけ・状況）
② 反応［R：Response］
　　：刺激によって引き起こされる不適切な反応（認知・行動・症状）
③ 結果［C：Consequence］
　　：反応から引き起こされる結果（短期・長期）

　つまり，「①刺激－②反応－③結果」の中で問題が形成され，維持されているような不適切な反応をターゲットにして機能分析をしていきます。その他，問題や症状を維持させている個人要因をも明らかにし，併せて戦略を立てていきます（図1-3）。

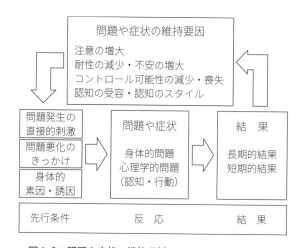

図 1-3：問題や症状の機能分析
坂野（2005）「認知行動療法の基本的発想を学ぶ」『こころの科学』121　日本評論社，p.28

2-1.［認知療法系］認知行動モデル

　私たちは，通常半ば無意識的に，そして自動的に自分が置かれている状況を自分なりに主観的に判断し続けていますが，その判断は状況に対してうまく適応するために行われています。

　しかし，強いストレスを受けるなどの特別な状況下ではその判断に偏りが生じ，非適応的な（その場に相応しくない）反応を示すようになることがあります。その結果として，抑うつ感や不安感が強まり，それによって再び非適応的な行動が引き起こされてしまい，認知も歪みが強くなるという悪循環が生じることになります（図 1-4）。

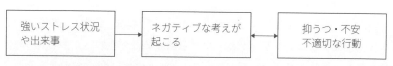

図 1-4：認知行動療法の考え方

このように，ベックの「認知モデル」から発展した認知行動療法は，認知的フォーミュレーションに基づき「すべての心理学的な問題の背景には非機能的な思考（それがクライエントの気分と行動に影響を与える）が存在する」（ジュディス S. ベック，2015）と考えて，それを変容させるために行動的技法を用います。

ある出来事が起こると，人はその出来事によって情動が動かされると考えがちですが，「基本的な認知行動モデル」（図 1-5）では人の感じ方を決定するのは状況そのものではなく，状況に対する解釈の仕方であり，人間の気分はその人がその出来事をどう認識するかによって変化すると考えます。

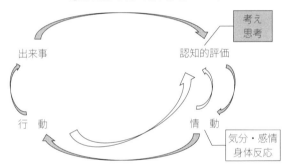

認知行動療法の基本概念
〈[認知療法系] 認知行動モデル〉

考え
思考

出来事　　　　　　　　　　認知的評価

行　動　　　　　　　　　　情　動

気分・感情
身体反応

注）認知的評価（思考・考え），情動（身体反応まで含めた感情・気分）

図 1-5：基本的な認知行動モデル
Wright ほか，大野・奥山監訳（2018）『認知行動療法トレーニングブック（第 2 版）』医学書院，p.5 を基に作成

このモデルでは「状況・出来事→クライエントの反応（認知・情動・行動）」という一方通行の理解ではなく，クライエントの反応が現実場面にもフィードバックされてしまい，影響を及ぼしていることも示しています（「クライエントの反応→状況・出来事」）。

つまり，認知から生じた情動や行動が再び認知に影響を与え，あるいは，自らとった行動で状況が変われば再び新たな認知や情動が生じることになりま

す。

　したがって，ある出来事を非適応的（悪い方向）に考えればネガティブな情動や行動が生まれることになり，それによって状況はさらに悪くなって，先ほどよりも強く非適応的な（その場に相応しくない）思考が生じてくるという悪循環が起こることになります。

　このモデルを使って落ち込みの強いクライエントの例をあげると，次のようになります（図1-6，表1-6）。

認知行動療法の基本概念
〈［認知療法系］認知行動モデル〉

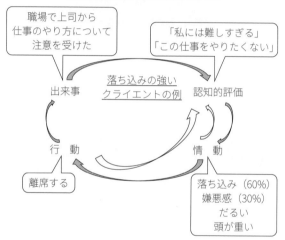

図1-6：基本的な認知行動モデル：落ち込みの強いクライエントの例
Wrightほか，大野・奥山監訳（2018）『認知行動療法トレーニングブック（第2版）』医学書院，p.5を基に作成

　表1-6では，落ち込みの強いクライエントが悪循環に従って非適応的な認知が強化され，抱えている問題が深刻化して，さらに抑うつ状態に陥っていく様子を示しています。

　例えば，①の影響を受けて，②の出来事で起こった情動「悲しみ（80％）・怒り（60％），腹痛，頭痛，涙」は，①の情動「落ち込み（60％）・嫌悪感

表 1-6：抑うつ状態になったクライエントの悪循環の例

①	【出来事】	職場で上司から仕事のやり方について注意を受けた	
	→ 【認知】	私には難しすぎる，この仕事をやりたくない	
	【情動】	落ち込み（60 %）・嫌悪感（30 %），だるい，頭が重い	
	【行動】	離席する	
		↓	
②	【出来事】	上司から「その後の報告はまだか」と聞かれた	
	→ 【認知】	私は上司に嫌われている，私は誰にもわかってもらえない	
	【情動】	悲しみ（80 %）・怒り（60 %），腹痛，頭痛，涙	
	【行動】	仕事を休む	
		↓	
③	【出来事】	家で仕事のことを考えていた	
	→ 【認知】	私は誰からも必要とされていない，生きる意味がない	
	【情動】	悲しみ（100 %）・孤独感（100 %），抑うつ症状	
	【行動】	職場の人間関係を絶つ	

（30 %），だるい，頭が重い」よりもネガティブになっていますし，その情動を自ら感じることで認知もよりネガティブに変化しています。（①「私には難しすぎる，この仕事をやりたくない」→②「私は上司に嫌われている，私は誰にもわかってもらえない」）。

　また，②でとった行動「仕事を休む」の影響を受けて，③では認知がさらにネガティブに，そして強固に信念化して（「私は誰からも必要とされていない，生きる意味がない」）いることがわかります。

2-2.［認知療法系］認知を階層的に理解する

　このように，人の感じ方や行動の仕方はその人が状況をどのように考えて解

釈するかということと結びついていますが，その認知を表層にある「自動思考」と，深層にある「スキーマ」という2つのレベルに分けて理解していきます。

(1) 自動思考

　自動思考とは，私たちがある状況に置かれた（または出来事を思い出した）瞬間に脳裏に浮かぶ思考やイメージのことで，一般にはこころの中に秘められたままで語られることはないですが，生活の中で起きてくる事柄を私たちが評価するときに矢継ぎ早に現れてくる考えのことをいいます。

　また，落ち込みの強いクライエントの例のように，ひとたびネガティブな出来事が起こると非適応的もしくは歪んだ自動思考が溢れだし，これらの思考が苦痛を伴う情動反応と非適応的な行動をもたらしますので，非適応的な自動思考を明らかにして修正することが問題解決には重要といえます。

(2) スキーマ（中核信念・媒介信念）

　自動思考よりも深いレベルにあると仮定され，中核信念（その人の根底にあるもの）として自動思考を生み出す持続的で基本的な原理，つまり，考え方（自動思考）の基盤となるルールとしての役割を果たします。そのため，スキーマが自己評価とクライエントの行動に対しては，強い影響力をもっています。

　スキーマは小児期の早い段階で形成され始め，親，教育，仲間，トラウマ，成功なども含めたさまざまな人生経験の影響を受けて形成されます。スキーマには適応的なスキーマ（「私は愛されている」「他者は私を信頼してくれる」「私には対処する力がある」など）と，非適応的なスキーマ（「私は誰からも愛されない」「完璧でなければ受け入れてもらえない」「何をやっても成功しない」など）があります。

　しかし，ひとたびストレスを感じるような状況が起こると非適応的なスキーマが強まり，否定的な自動思考が次々と流れるように表面に引き出されます。このとき，たとえ状況自体はニュートラルな状況であっても非適応的なスキーマが活性化すると，状況にそぐわないような激しい感情や極端にネガティブな

自動思考が生じて柔軟に考えられなくなったり，自由な行動を妨げることになります。

　例えば，抑うつ状態になったクライエントの悪循環の例（表1-6）では，「私は価値のない人間だ」「私は誰からも愛されない」という非適応的なスキーマをもっているために，一連の否定的な自動思考を引き起こして悪循環に陥ったといえます。

　スキーマの同定については，セラピストは「導入の段階」から念頭に置いて取り組みますが，クライエントは自動思考の同定と検証ができるようになってから，すなわち「介入の段階」の後期に扱うことで再発防止に役立てていきます。

　なお，スキーマの修正については，通常，時間がかかることが多いので標準的には扱わないことも多いですが，再発を繰り返す例やパーソナリティの偏りが顕著な例では，スキーマの修正が望ましいこともあります。

第 **2** 章

コミュニケーションと関係性構築

セラピストとクライエントの良好な関係
(治療同盟)

　近年，あらゆるところで効率化やスピード化が求められる時代になってきましたが，カウンセリングや心理療法においても例外ではありません。従来のようにじっくり時間をかけるのではなく，より短期でありながらも一定の効果をあげるようなブリーフセッションへのニーズが高まってきています。そういう意味では，認知行動療法そのものがブリーフセッションではありますが，本書では認知行動療法の理論に立った効果的なコミュニケーションやスキルを習得することで，さまざまな専門性や分野に対して効果的に対応できる「セラピスト（カウンセラー・コンサルタント）」としてカウンセリングをブリーフ化できるよう目指します。

　それでは，定型的認知行動療法と比べて簡易化，短期化した場合にも，本当にクライエントに効果が現れるといえるのかどうかをまず考えてみたいと思います。

1. 心理療法の効果の割合

　これまで心理療法のどの部分が，人々の感情や行動を変化させるのかについて研究がなされてきました。米国精神医学会（American Psychiatric Association：APA）は心理療法の効果について研究を行い，ランバート（Lambert, M.）は，四大要因（表2-1）が心理療法の効果に占める割合を論文で報告しました（図2-1）。

　ランバートによれば，心理療法の効果全体を100％だとすると，①治療外変化が40％，②共通要因が30％，③個別の技法が15％，④期待が15％であるとされており，この研究結果から「共通要因が相談者の回復に多大な影響を与

表 2-1：ランバートの四大要因

治療外変化	クライエント側の要因と環境側の要因（ソーシャルサポート，偶然の出来事，運，自己治癒力など）
共通要因	理論に関係なく大切にされているもの（共感，受容，温かさ，励ましなど）
技　　法	特定の治療技法（セルフモニタリング法，催眠法，エンプティチェアなど）
期待（プラシーボ効果）	クライエントのよくなりたいという気持ち，プラシーボ効果

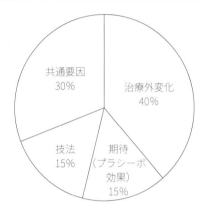

図 2-1：Lambert（1992）による「治療的変数の関数としての心理療法の患者の改善のパーセント」
Lambert,M.（1992）Psychotherapy Outcome Research: Implications for Integrative and Eclectic Therapists. J.Norcross & M.Goldfried,（Eds）, *Handbook of Psychotherapy Integration*, pp.94-129, Basic Books.

えている」といわれるようになりました。

　共通要因とは，それぞれの臨床家が拠って立つ心理療法の理論モデルにかかわらず必要とされている事柄のことで，受容や共感による励ましや介入テクニックを実施する際の温かな支援などといったセラピストとクライエントの良好な関係，すなわち，治療同盟のことを意味しています。

最近ではこの結果を受けて，単純に「個別の技法は 15 ％で，共通要因 30 ％の半分しかない。だから，個別の技法にこだわるよりも共通要因に力を入れたほうがよい」と主張されるようにもなりました。

2. 認知行動療法における関係性とは

　それでは，認知行動療法の治療効果も，技法ではなく関係性（共通要因）の影響によってクライエントに変化が起きているのでしょうか。

　それについては，丹野（2014）がランバートの論文を詳細に調べてグラフの数字が統計学的な手法を使ったものではないことや根拠の不明確さを指摘しています。さらに，自身で統計学的な根拠のある方法を用いて，うつ病に対して，認知療法という個別技法の効果が心理療法の共通要因を上回ったというエビデンスを示し，「認知行動療法のような技法よりも，治療同盟のような共通要因のほうが大切である」という誤解に反論して，ランバートの論文がひとり歩きしていることに警鐘を鳴らしています。

　また，そもそも認知行動療法は，認知や行動の変容に基づく心理療法ですから，関係性自体をクライエントの変化の十分条件とは考えていません。とはいえ，認知行動療法も治療同盟を重視していますので，セラピストとクライエントの良好な関係性に重きを置き，よい関係性を保つことでセラピーやカウンセリングの効果が高まると考えていますし，さらに，「協働的経験主義」を特徴としていますので，クライエントと協働的に，そして経験に基づいて実証するような関係性を重視しています。

　したがって，技法か，共通要因かというよりも，関係性を構築するスキルやコミュニケーションスキルを磨き，クライエントとしっかりラポール（信頼関係）を築ける力をつけたうえで，エビデンスある認知行動療法の技法を使うことが効果的であるといえます。

　以上を踏まえると，認知行動療法を簡易化，短期化してもなお，その効果を最大限に引き上げるには，まず，クライエントと素早くラポールを形成してよい関係性を作る（共通要因 30 ％）ことが重要であり，その関係性から生み出される相乗効果によってクライエント側の要因（治療外要因 40 ％）を上げ，

その状態にエビデンスある効果的な技法（15％）を介入することでますますクライエントの期待（15％）を高めることができると考えれば，ブリーフセッションであっても認知行動療法の効果を十分に生み出すことが可能になるといえます。

ラポール形成のためのコミュニケーション

　カウンセリングやセラピーは，通常，コミュニケーションをとおして行われます。コミュニケーションとは，言語と非言語を使った情報のやりとりのことをいいますが，セラピスト側に適切なコミュニケーション能力が必要であることはいうまでもありません。

　さらに，初めのセッションで構築された関係性がその後の経過に大きく影響を与えて，カウンセリングやセラピーの質を大きく左右します。仮に，関係づくりを失敗すれば，結果的にクライエント側の来談意欲が低下して，中断を引き起こしてしまうことがあります。

　したがって，カウンセリングでは何よりもまず，クライエントとの間によい関係性（ラポール）を築く必要がありますが，ラポールを築くにもこのコミュニケーションが手段になりますので，関係づくりにはセラピストのコミュニケーション能力や共感能力などの基礎的なスキルが大いに活躍することになります。

1. 理解的態度（共感）

　クライエントとラポールを築くためには，まずコミュニケーションを行う際の，セラピストの態度が重要であるとされています。その態度というのがセラピスト側の「理解的態度」です。

　理解的態度とは，クライエントが述べた内容，感情，考え方やものの見方などをセラピストが正しく理解していることを示そうとする態度，あるいは，それらを正しく理解しているかどうかを確認しようとしている態度のことです。このような態度を示すことによって，クライエントは「セラピストに気持ちを理解された」という感覚になり，この理解されているという感情こそがセラピストに対する信頼を生み出します。

　来談者中心療法を創始したロジャーズ（Rogers, C.）は，これを「共感的理解（共感）」という言葉で説明しています。共感の大切なポイントは，クライエントのこころの内側のフレーム（準拠枠）に立ち，あたかもクライエント自身になったつもりで内側から理解することです。この共感をロジャーズはクライエントの変化のために必要な治療的三要素の1つとして考えましたが，その他の心理療法においては，クライエントとの信頼関係を築くにあたって重要な態度の1つとして広く浸透しています。（補足：各心理療法によって「共感」に対する考え方は違います。来談者中心療法では共感こそが治療のツールだと考えるのに対して，精神力動派では以前はあまり重視されませんでしたが，次第にクライエントの経験を知るために用いることができると考えるようになりました。また，認知行動療法では，共感は主にポジティブな関係づくりや協働的な治療同盟を築いてくれるツールとして捉えられています。）

　しかし，どのようにすれば共感的な態度になるのかについて，ロジャーズさえも技法についてはなんら記していません。それは，ロジャーズが「自分に合ったやり方をすればよい」と考えていたことと，技法よりもセラピスト自身の人間性や成長に重点を置いていたことが関係しています。

　また，認知行動療法においても，これまでラポールを築けるような態度についてあまり触れられることはありませんでした。それは，ラポールを築ける力をすでに体得していることが，認知行動療法を実践する前提とされていたから

なのです。

(1) 基本的かかわり技法

そこで，本書ではカウンセリング面接技法として，1960年代にアメリカにおいて創始・開発されたアイビイ（Ivey, Allen E.）のマイクロカウンセリング階層表の中から「基本的かかわり技法」の知見を参考としてご紹介します（福原ほか，2004）（表2-2）。

アイビイは多種多様な心理療法やカウンセリング理論の基本となっている面接技法に着目し，共通のパターンやコミュニケーション技法に特定の一貫してみられる形式から，技法の分類とその階層化，そして面接の構造化を試みました。本書では技法の細かい説明は割愛しますが，認知行動療法に取り組む前に，今一度，自己のラポール形成力を確認し，より高めてから認知行動療法に取り組むようにしてください。

(2) クライエントの感情に触れる

クライエントに共感する技法としては，一般的に「いいかえ」「要約」「感情の反映」が有効とされていますが，特に，クライエントの気持ちや感情の部分を理解して伝え返すことができると，ラポール形成に大きく役立ちます。すなわち，クライエントの感情を汲み取って言い表したり，クライエントの抱えている気持ちをいいかえて明確化したり，クライエントが話した主な内容を気持ちも含めて整理することができると，それが共感となってクライエントのこころの痛みが取れていくのです。

クライエントの話には流れがあり，その流れに従って感情も変化していきます。また，問題は主訴に始まり，セラピストがそれに共感的にかかわることでクライエントは恐れることなく自分を表現できるようになって，次第に主訴とは離れた内容を話すようになります。話の中に出てくるさまざまな出来事には，クライエントがこれまで抱えてきたさまざまな問題にまつわる感情も含まれています（図2-2）。

しかし，クライエントがその抱えている感情を自ら口にしてくれれば容易に共感を示すことができるのですが，全てのクライエントが自分の感情を口にす

表 2-2：基本的かかわり技法

福原ほか（2004）『マイクロカウンセリングの理論と実践』風間書房，pp.41-77 を基に作成

かかわり行動

傾聴の基礎。聴いてほしい人（セラピスト）が聴く姿勢を示すことは，まず援助関係のスタートとなる。クライエントの言っていることに関心（かかわり）を示すことで，クライエントもかかわりを示すようになるものである。かかわりの指標として 4 つのポイントがある。
〈視線の合わせ方〉〈声の質〉〈言語的追跡〉〈確実な身体言語〉

クライエント観察技法

非言語および言語の行動や，その矛盾に焦点を当てる。クライエントの世界に何を聴き，何を見，何を感じるか。クライエントのインパクトに注目する。セラピストの発言がクライエントの行動にいかに関係しているか，それをいかに変えているかを知る。

質問技法

〈開かれた質問（open question）〉
　答えをクライエントに委ねる質問。
〈閉ざされた質問（closed question）〉
　答えが 1 つしかないか，Yes か No で答えられる質問。

はげまし・いいかえ・要約技法

「共感的理解」の基礎。クライエントに「自分はセラピストに理解されている」と感じさせる。
〈はげまし〉
　クライエントに話を続けさせる。言語と非言語によるものがある　（相槌，頷きなど）。
〈いいかえ〉
　クライエントの言った言葉を短縮し，明確化する。
〈要約〉
　クライエントが長期にわたって語った中の主な言葉を明確化する。それは，新しいトピックへ移行するため，複雑な問題を明確化するため，面接で何が起こっているかについての考えを整理統合するのに役立つ。

感情の反映技法

クライエントが言語，非言語によって表現した感情を，セラピストが納得する姿勢と言葉でいいかえて伝える。〈感情の反映〉には「鏡に映る」以上のもの，その背景等も所在している。感情は人間の体験の基本的なもので，その言語や行動の背景に潜んでおり，感情を理解することなしに「共感的理解」は成立しない。

注）階層表は今日まで何度も改変されているが，一般的な技法のみを採用した。

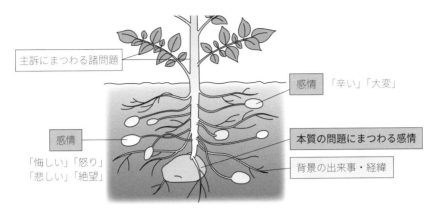

図 2-2：クライエントの問題と感情

表 2-3：感情とその背後にあるもの
堀越（2013）『認知行動療法を始める前に学んでおきたいコミュニケーションスキル・トレーニング』独立行政法人国立精神・神経医療研究センター認知行動療法センター．p.31

感 情	感情の意味・その背後にあるもの
悲しい	何か大切なものを失う（例：健康を失う，失恋，愛する者を亡くす，仕事を失う，評判を落とす，夢や目標が果たせない　など）
むなしい	自分を選んでいない／意味を感じない
不安・心配	未知のもの，何か悪いことが起きそう／コントロールできない
恐 怖	何か危険が迫っている
怒 り	自分を守る感情（自分の領域が侵されている／自分が不当に扱われている／自分が利用されている）
いらいら	こんなはずではない／現実が自分の希望と合致しない／いつも自分の領分を侵されている／いつも不当に扱われている
緊 張	自分自身あるいは他者への怒りを抑えている
恥ずかしい	他人に知られる／人前にさらされる／秘密を知られる
罪責感	自分が悪いことをしてしまった
絶 望	今抱えている問題が永遠に続き，好転しないと確信している
孤 独	一人ぼっちで愛情をもらえない／気にかけてもらえない
驚 き	予想外のことが起こった
幸 せ	大切なものが手元にある
満足・達成	希望がかなった／目標を達成した

るわけではないですし，はっきり自分の感情が見えているわけでもありません。そのため，全てのクライエントに共感するためには，クライエントが言葉にした感情はもちろんのこと，汲み取った感情を言葉で伝え返すスキルが必要なのです。クライエントが言葉にしていない感情をセラピストが汲み取って言葉に言い表して返すことで，効果的に関係を構築することができます。

　主な感情のそれぞれの意味とその背後にあるものを堀越（2013）がまとめていますので，感情を汲み取る際の参考にしてください（表2-3）。

2．協働的治療同盟

　次に，認知行動療法でいう「協働的な治療関係」とはどのような関係性なのかを考えてみましょう。クライエントとセラピストの関係には，大きく分けて「対面型」と「伴走型」の２種類があります（図2-3）。

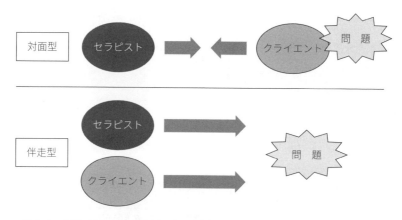

図2-3：クライエントとセラピストの関係
堀越（2013）『認知行動療法を始める前に学んでおきたいコミュニケーションスキル・トレーニング』独立行政法人国立精神・神経医療研究センター認知行動療法センター，p.10 を基に作成

　「対面型」とは，お互いが向かい合い，セラピストがクライエントの問題を指摘したり，クライエントの問題に対して解決策を与えたりするような関係性のことをいいます。例えば，精神力動療法や対人関係療法が対面型にあたりま

す。

　一方「伴走型」とは，セラピストとクライエントが互いに並び，同じ方向（問題や目標）を見つめながら，共に解決していくというような関係性だといえます。

　認知行動療法では，セラピストがクライエントの味方となって問題に焦点を当て，一緒に問題を解決していくことからまさに「伴走型」であるといえ，この「伴走型」の関係こそが「協働的な治療関係」になるといえます。

3. コミュニケーションの原則

　関係づくりとは，カウンセリングが始まってから作られるものではなく，クライエントが目の前に座った瞬間から始まっているものです。例えば，職場の同僚に挨拶をしないとすると「関係が築かれない」のではなく，「挨拶をしない関係」が作られることになります。コミュニケーションというのは情報のキャッチボールですから，挨拶をしなくても相手にはしっかりと非言語情報が発信されているのです。

　そこで，堀越・野村（2012）は，コミュニケーションにおける次の3つの原則（表2-4）を示して関係づくりの大切さを強調しています。

表2-4：コミュニケーションの原則
堀越・野村（2012）『精神療法の基本：支持から認知行動療法まで』医学書院，pp.23-37 より抜粋

【原則1】　話さなくても何かが伝わる
【原則2】　人は押されれば押し返すか逃げる
【原則3】　コミュニケーションにはレベルがある

【原則1】話さなくても何かが伝わる
　人がコミュニケーションを行っているときは話の内容だけでなく，表情やしぐさ，声のトーンや大きさなどからも情報を得ています。つまり，コミュニケーションとは，まさにキャッチボールのように言語と非言語情報が行き来し

ている状態をいいます。

その中で重要視されるのは何か？ということを研究したのがメラビアン（Mehrabian, A.）で，彼は「メラビアンの法則」（表 2-5）を提唱しています。この研究は好意・反感などの態度や感情のコミュニケーションについての実験で，感情や態度について矛盾したメッセージが発せられたときに人はどのように受け止めるのかについて説明しています。言語と非言語が矛盾する行動が，他人にどのように影響を及ぼすかというと，話の内容などの「言語情報（Verbal）」が 7 ％，口調や話の速さなどの「聴覚情報（Vocal）」が 38 ％，見た目などの「視覚情報（Visual）」が 55 ％の割合で影響を及ぼしていました。これは，それぞれの頭文字を取って「3V の法則」ともいわれています。

表 2-5：メラビアンの法則（3V について）
マレービアン，西田ほか共訳（1986）『非言語コミュニケーション』聖文社，p.96 を基に作成

視覚情報（Visual：55 ％）：見た目・表情・しぐさ・視線など 聴覚情報（Vocal：38 ％）：声のトーン・速さ・大きさ・口調など 言語情報（Verbal：7 ％）：話の内容など

つまり，視覚情報と聴覚情報はともに非言語情報ですので合わせると 93 ％にもなり，メラビアンの研究の結果では，かなり差をつけて言語情報よりも非言語情報の方が重要であることを示唆しています。

このような結果からも，セッションにおいて「何を話せばいいのだろう」とか，「何を言えばラポールが築けるのだろう」といった言語内容に注意を向けるのではなく，視線を合わせたり，うなずいたり，相手とペースを合わせるなどの非言語コミュニケーションに注意を向けた方が，容易に良好な関係が築くことができるといえます。

【原則 2】人は押されれば押し返すか逃げる

この原則は，「人は言葉や行動で押されれば，押し返すか逃げるかの行動に出る」（堀越・野村，2012）ということです。ここでいう「押す」とは，セラピストが意図的かどうかにかかわらず，セラピストの意見を押し付けたり，ク

ライエントを批判してしまうことで，クライエントが「圧迫された」「攻撃された」「無視された」と感じるようなメッセージを発信してしまうことをいいます。つまり，セラピストが押してしまうと，クライエントは反論，抵抗，声を荒げる，暴力を振るう，陰で噂を流すなどの「押し返す」行動をとるか，あるいは，聞こえないふりをする，ごまかす，話を逸らすなどの「逃げる」という行動をとるという原則です。それに気づかずにセラピストがクライエントに対してもっと押してしまえば，意と反して対決状態か追いかけっこの状態になり，問題を解決できないどころか，カウンセリング自体が中断になってしまうのです。

　それでは，押さない関係を作るには，セラピストは何に気をつければいいのでしょうか。このようになる背景としては，セラピストがクライエントの話をちゃんと聴かずにアドバイスをしていたり，そもそも共感できていない状態にあることが考えられます。特に，クライエントの内面に葛藤がある場合や，クライエントの思い込みが強い場合には，セラピストとしても押す行動に誘引されやすくなると考えられます。

　このようにクライエントが押し返してきてぶつかったり，クライエントが逃げてしまっては，一緒に問題解決に向かうことができなくなりますので，認知行動療法では「伴走型」をとって，ぶつかり合わない関係性を構築することが大変重要になります。そのために関係の状態を常にモニターして，ラポールの維持，向上，修復を図る必要があります。

a. ラポールにはスイッチ（「ON」と「OFF」）がある
　堀越（2013）は次のように言っています。
　　　・関係の「ON」と「OFF」に気づいて，まず関係を「ON」にする
　　　・「ON」にするためには「感情」に「共感」する
　　　・押してしまうと関係は「OFF」になる

b. ラポールにはレベル（度数）がある
　　　・ラポール形成度合いをチェックし，ハイレベルを維持できるように心がける

・クライエントが出している関係性のサインを見逃さない

【原則3】コミュニケーションにはレベルがある

　さらに，堀越・野村（2012）によれば「会話のレベルは話される内容によって5つの段階に分けることができる」とされています（図2-4）。第1レベルは「挨拶」，第2レベルは「事実・数字」，第3レベルは「考え・信条」，第4レベルは「感情」，そして第5レベルは「洞察（アハ体験）」の5段階ですが，通常のコミュニケーションは，第1〜第4の4つのレベルで意思疎通が行われています。

　さらに，コミュニケーションを行う際，私たちはいつも同じレベルでコミュニケーションを行っているわけではなく，その都度，相手や状況に合わせて随時レベルを変化させながら関係性を維持しています。

図2-4：コミュニケーションの立ち位置
堀越・野村（2012）『精神療法の基本：支持から認知行動療法まで』医学書院，p.35

　図2-4は「医療従事者と患者のコミュニケーションの立ち位置」を示していますが，それぞれの立場でそれぞれのコミュニケーションレベルに違いがあることがわかります。つまり，医療従事者側の立ち位置は「事実・数字」レベルにありますから，客観的な事実や数字に基づいたコミュニケーションをしていますし，一方の患者側はむしろ主観的な「考え・信条」レベルから「感情」レベルでコミュニケーションをしています。その結果，コミュニケーションには当然食い違いが生じてしまい，患者側からすると「この医者は事務的だ」とか，「ちゃんと話を聴いてくれない」と感じることになります。

カウンセリングにおいて，このような両者のコミュニケーションレベルの違いをなくすためには，まず私たちセラピストがいったん，クライエントのレベルに移動してクライエントを理解する必要がある，すなわち「共感」を示す必要があります。セラピストがまず先に「共感」を示すことでクライエントの痛みは弱まり，次第につらい客観的な事実や避けてきた問題をも受け入れることができるようになるものです。

📝 **【Work 1】：ラポールを形成する**

① インテーク面接のロールプレイングを行います。

 「基本的かかわり技法」「協働的治療同盟」「コミュニケーションの原則」を意識してラポールを形成してください。

② セラピスト役は自分がどのくらいできたと思いますか。
　クライエント役はセラピスト役に対してフィードバックをしてください。

 基本的かかわり技法は使えましたか。
　クライエントの感情に共感し，それを伝え返すことができましたか。
　ラポールを肌で感じることはできましたか。
　何パーセントくらいラポールを築けたと思いますか。
　クライエントと協働的なかかわりができましたか。

認知行動療法のコミュニケーションの流れ

　ラポール形成のためのコミュニケーションを確認したら，次は実際にクライエントを援助する場面でのコミュニケーションを思い出してみてください。

　まず，クライエントに対面し「本日はどのようなご相談ですか」と開かれた問いかけをすることから始まり，この問いかけに対してクライエントは応える形で情報を提供してくれ，セラピストは広く情報を収集しながら査定を行っていきます。セラピストはクライエントに対して受容や共感を示しながら傾聴し，クライエントを支持してしっかりとラポールを形成します。

　しかし，いつまでもクライエントを支持する段階，いわゆる傾聴するだけに留まっていても，問題の解決に向かうことはできません。そこで認知行動療法では，クライエントと協働的な関係性が構築できたら，臨床的な質問をして答えを探す段階へと進む，すなわち，「支持」の段階から「指示」の段階へと移行していく必要があります。

　認知行動療法を成功させるには，開かれた質問で情報収集や査定を行って共感でラポールを形成し，しっかりと協働的な関係を構築してから分析的，臨床的な質問に進めていくという「コミュニケーションの流れ」をマスターすることがとても重要になります。

1.「支持」と「指示」の中間の援助を目指す

　それでは，認知行動療法的な援助とは，「支持」的援助と「指示」的援助のどちらを目指しているといえるのでしょうか。それは，ちょうど中間あたりの援助を目指しているといえます。まず，困っている人に対して支持的な声かけをして，質問で誘導しながら指示的（方向性を与える）に案内し，最終的には

クライエントが「自分でやれそうだ」といえるところへ落ち着けるように支援していきます。

　「支持」と「指示」，具体的に両者の援助はどのように違うのでしょうか。「支持的な対応」とは，クライエントの感情に共感しながらサポーティブに対応することであり，「指示的な対応」とは，分析的，臨床的な質問をしながらクライエントが自分で答えを見つけ出せるようにガイドして，ディレクティブに対応することです。つまり，サポーティブに対応するには，クライエントの「感情」に目を向けて感情を中心に対応し，ディレクティブに対応するには，相手の抱えている「問題」に焦点を当てて問題を中心に対応します。

　以下に，「サポーティブな対応」と「ディレクティブな対応」の例（表 2-6）をあげますので練習をしてみましょう。

表 2-6：サポーティブな対応とディレクティブな対応の例

クライエント
これまでいろんなところに相談に行ってみたのですが，誰も私の話をわかってくれないし，どんなカウンセリングをしても全然よくなりません。これで最後にしたいという想いで HP を見てこちらに来ました。ですから，早く治してほしいんです。どうしたらいいのか，早く教えてください。
セラピスト　「サポーティブな対応」
・長い間，誰にも話をわかってもらえないと思うと悲しくなりますね。 ・どんなカウンセリングを受けても全然よくならないとすると，不安になりますよね。 ・どうしたらいいのかわからないと思うと焦りますね。
セラピスト　「ディレクティブな対応」
・これまでどのような方に相談されてきたのでしょうか。 ・早く治してほしいというのは，具体的にどんなところでしょうか。 ・具体的に何を教えてほしいとお考えなのでしょうか。

【Work 2】：サポーティブな対応とディレクティブな対応

① 次の2つの例題にあるクライエントの言葉に対して，サポーティブ
　　に対応してワークシートに記入します。

　　クライエントの感情や思っていることなど，クライエント自
　　身に焦点を当てます。

② ①と同じクライエントの言葉に対して，今度はディレクティブに対応
　　してワークシートに記入します。

　　クライエントの抱えている問題に焦点を当てます。

（例題）

A：「突然，契約を更新しないと言われてしまいました。来月には正
　　社員になるという話も出ていたので混乱しています。いきなりこ
　　んなひどい話ってありますか。自分の力不足だとは思いますが，
　　こんなときどうしたらいいのでしょうか……。」

B：「うちの息子は言うことを聞かないので，しつけをしっかりしな
　　いといけないんですよ。別に叩きたくて叩いているわけではなく
　　て，これが息子のためなんです。将来，息子はきっと私に感謝す
　　るはずですよ。それを妻は虐待だとか大げさに騒ぎ立てて……。
　　先生はわかってくれますよね。」

◆解答例は巻末解答（p.136）参照

◆解答例は巻末解答（p.136）参照

2. 分析的・臨床的質問の構造

　次に，「支持」の段階から「指示」の段階へと進むには，どのように移行す
ればいいのでしょうか。

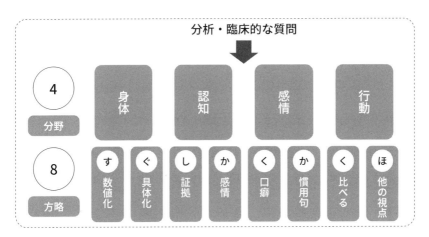

図 2-5：臨床的質問の 4 分野と 8 方略
堀越（2013）『認知行動療法を始める前に学んでおきたいコミュニケーションスキル・トレーニング』独立行政法人国立精神・神経医療研究センター認知行動療法センター，p.59

表 2-7：分析・臨床的質問の 4 つの分野
堀越（2013）『認知行動療法を始める前に学んでおきたいコミュニケーションスキル・トレーニング』独立行政法人国立精神・神経医療研究センター認知行動療法センター，pp.60-61 を基に作成

感　情	●感情の同定，感情を使う 例えば，クライエントに「不安」という感情がある場合，一体「どんな悪いことが起きそうだ」と考えているのか，本人が気づくための質問をします。 　（例）「そのとき，何を感じましたか」
認　知	●自動思考などをあぶりだす 常に「こうでなければならない」とか「私は誰からも愛されない」と考えていたらとても苦しくなります。その思考パターンをセラピストが直そうとするのではなく，本人が自分で気づき，自分で納得して，考え方を変えていけるように導く質問をします。 　（例）「そのとき，どんな考えが浮かびましたか」
身　体	●身体症状に気づかせる 睡眠の問題，疲労感，食欲不振などの身体症状に，本人が目を向けられるような質問をします。 　（例）「そのとき，体に何か変化はありましたか」
行　動	●行動パターンや問題解決法を知る 「ひきこもる」「お酒に逃げる」「人を攻撃する」「自分を攻撃する」などのパターン化された行動に，本人が気づくことができるように質問をします。 　（例）「そのとき，どんなことをしましたか」

「指示」の段階では，クライエントと一緒に問題を見つめ，解決に向けた目標を設定して目標の達成を目指します。その際，認知行動療法ではクライエントに分析的・臨床的な質問を行ってガイドする方法を採りますが，この一連の質問を「ガイデッド・ディスカバリー」といいます。どのように分析的，臨床的に質問をすればいいのか，その基本となる型として堀越（2013）は「4分野8方略」を覚えておくことを勧めています（図2-5）。

(1) 4つの分野に焦点を当てる

「感情」「認知」「身体」「行動」の4つの分野（表2-7）とクライエントの「問題」に着目しながら，クライエント本人がまだ気づいていないパターン化した分野に焦点化することで，クライエント自身が気づけるように質問をしていきます。

表2-8：質問の8方略

堀越（2013）『認知行動療法を始める前に学んでおきたいコミュニケーションスキル・トレーニング』独立行政法人国立精神・神経医療研究センター認知行動療法センター，pp.61-62を基に作成

〈数値化〉	数値に置き換えることで，言葉に隠されているパターン化されたものをあぶりだす方法 （例）「いつもとは，100回中何回くらいのことでしょうか」
〈具体化〉	問題を具体的に見える形にしていく方法 （例）「具体的にどんなことがあったのでしょうか」
〈証　拠〉	証拠集めをしてもらいながら，なぜそのような考え方をしてしまうのかに気づくことができるようにする方法 （例）「皆に嫌われていると思う証拠はなんでしょうか」
〈感　情〉	どのような感情をもっているのかに気づくことで，問題を見えやすくする方法 （例）「ずいぶん不安なのですね。何が怖いのでしょうか」
〈口　癖〉 〈慣用句〉	話の中に度々出てくる口癖，決まり文句，慣用句に着目して質問する方法 （例）「負け犬というのはどういう犬なのでしょうね」
〈比べる〉	過去と今を比較することで気づきを促す方法 （例）「過去にそうではなかったことは一度もありませんか」
〈他の視点〉	第三者の視点に立てるようにする方法 （例）「友人が同じように悩んでいたら，どのように言ってあげますか」

(2) 具体的な答えを導き出す質問の8方略

　その4分野から，さらにパターン化した考え方などを明確にする8つの質問方法があります（表2-8）。「数値化」「具体化」「証拠」「感情」「口癖（決まり文句）」「慣用句」「比べる」「他の視点」の語呂合わせとして，堀越（2013）は「すぐしかくかくほ」と覚えることを勧めています（図2-5）。

3. ソクラテス式質問法

　「ソクラテス式質問法」とは，ガイデッド・ディスカバリーによる質問方法の1つですが，はじめにその名前の由来について少しお話します。

　ソクラテスとは，古代ギリシャ時代の哲学者ですが，彼は弟子たちや高名なソフィストを相手に，真理の探究をしようと問答を繰り返しながら対話をしていました。例えば，「正義とは何か」という問いに対し，自らの答えを与えずに，相手から引き出すような質問を与えて誘導しては，真理へと到達させていきました。人は他人から押し付けられた答えは受け入れにくいですが，自分で見つけ出した答えならば，その答えを容易に受け入れることができるものです。

　援助者である私たちは，つい困っているクライエントに対して直接手助けしてあげたくなったり，すぐに知っていることを教えてあげたくなったりしますが，先にあげた中国のことわざの例のように，クライエント自身が自分の問題に気づき，自らの手で解決できるように支援することが大事なのではないでしょうか。

　認知行動療法では，ソクラテスのような質問を使いながらセラピストがクライエントから引き出して，クライエントに答えを発見させます。そして，クライエントは，自身が抱えている悪循環や目の前の現実が見えるようになり，クライエントが自ら解決方法を見つけていけるように導きます。

　では，実際に「4分野8方略」を使ってソクラテス式質問法のコツをつかむ練習をしていきますが，その前にクライエントの「感情」と「思考」を確認しておくとスムーズです。先に「感情」を押さえておくことで協働的な関係を構築しやすくなりますし，「思考」を把握しておくことでクライエントの思考の

中にある非現実的な部分や考え方の癖に気づくことができます。

表2-9の例を見てください。

表2-9：ソクラテス式質問の例

クライエント		ソクラテス式質問法
また仕事でミスをしてしまいました。今月に入って3回目だし，たぶん，もう誰からも信用されないと思うんですよ。人間失格ですよね。生きている意味がありません。		ひと月に3回もミスをしてしまうと確かに落ち込みますね。生きている意味がないということですが，仕事でミスをしないことだけが「生きる意味」なのでしょうか。これまでに「生きる意味」を感じたことはありませんか（8方略の「比べる」）。
感　情	思　考	
虚しい，絶望，恥ずかしい	自分はダメな人間だ。生きる意味がない。	

　まず，このクライエントは何を感じているのでしょうか。「人間失格だ」と言っているので，恐らくかなり強い「虚しさ」や「絶望」を感じているのではないかと考えられます。それゆえ，クライエントが何を考えているかというと，「自分はダメな人間だから，生きる意味がない」と考えているのではないでしょうか。

　次に，この「感情」と「思考」をもとにして，クライエントにソクラテス式質問法を使って返答していきます。コツは，サポーティブな対応でクライエントを支持し（「ひと月に3回もミスをしてしまうと確かに落ち込みますね。」），それによってクライエントとの間にラポールを築いてから，今度はディレクティブな対応をします（「仕事でミスをしないことだけが『生きる意味』なのでしょうか。これまでに『生きる意味』を感じたことはありませんか」）。これは「仕事のミスを月に3回した程度で人間失格になったり，生きている意味がなくなるというのは少し行き過ぎかもしれない」ということに気づいてもらうための質問になっています。

　このように，認知行動療法では，まず感情に共感を示したり，いいかえをしたりすることでクライエントとの間にラポールを築き，次にセラピストから質問を投げかけてクライエントがそれに答えることで問題を明確化するといった，協働作業で問題の解決法を一緒に探していきます。

【Work 3】：ソクラテス式質問法のコツをつかむ

① 次の2つの例題にあるクライエントの言葉に対して，ソクラテス式質問法を練習してみましょう。

② クライエントの「感情」をワークシートに書いてみましょう。

 　感情を把握することで，協働的な関係を構築することが可能になります。

③ クライエントの「思考」をワークシートに書いてみましょう。

 　クライエントの思考（認知）の中にある非現実的な部分をあぶりだして，その考え方の癖に気づいてもらうことが重要です。

④ ソクラテス式質問を使ってみましょう。

 　ポイントは，しっかり共感してからガイドすることです。

（例題）

A：「どうせ，私は負け組だから，努力とかしても結局ムダなんですよね。今さら何をやっても，勝ち組にはなれないんですよ。」

B：「私は生まれつき不幸なんだと思います。だから，いつも決まって悪い方向にいくんですよ。私じゃなくて，他の誰かに生まれたかった。」

◆解答例は巻末解答（p.137）参照

第 **3** 章

認知行動療法を導入する

認知行動療法の進め方

1. 認知行動療法的面接の流れ

　認知行動療法の1回の面接（セッション）は構造化されており，「導入部分」「相談・対処部分」「終結部分」の3つのパートに分けられることは，すでに第1章で説明しました。セッションの流れは大野・田中（2017）を参考にしながら（図3-1），それぞれのパートで行われる内容について説明していきます。

　なお，定型的認知行動療法の1回のセッション時間は，一般的に45分ないし50分ですが，簡易型認知行動療法やブリーフセッションにする場合には，クライエントに時間が限られていることなどを伝えて短時間で終えることも可能です。

(1) 導入部分（5分〜10分）

a. 気分のチェック

　気分や体調の確認を最初に行って変化があれば話題にします。最も悪い気分を0，最も良い気分を10としてそのときの気分がどのあたりに位置するかを尋ねたり，ベックうつ病尺度（BDI）などの質問紙を使用してチェックすることもあります。

　（例）「（確認後）前回と比べて気分がかなり楽に（つらく）なっているようですが，何か思い当たることはありますか」

b. 前回からの振り返り（生活・ホームワーク）

　2回目以降のセッションであれば，前回のセッションの内容（前回取り上げた問題やスキルなど）や前回のセッションから今回のセッションまでの間で生

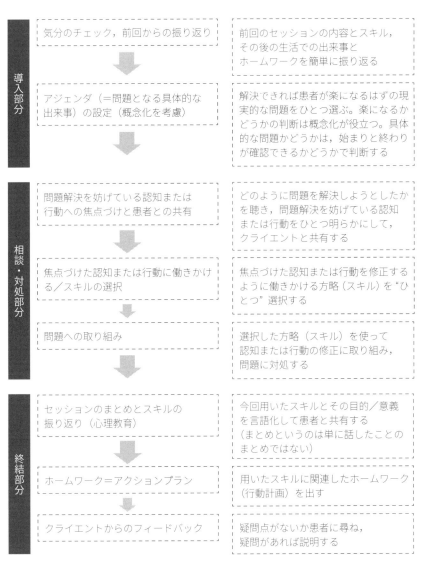

導入部分	気分のチェック，前回からの振り返り	前回のセッションの内容とスキル，その後の生活での出来事とホームワークを簡単に振り返る
	アジェンダ（＝問題となる具体的な出来事）の設定（概念化を考慮）	解決できれば患者が楽になるはずの現実的な問題をひとつ選ぶ。楽になるかどうかの判断は概念化が役立つ。具体的な問題かどうかは，始まりと終わりが確認できるかどうかで判断する
相談・対処部分	問題解決を妨げている認知または行動への焦点づけと患者との共有	どのように問題を解決しようとしたかを聴き，問題解決を妨げている認知または行動をひとつ明らかにして，クライエントと共有する
	焦点づけた認知または行動に働きかける／スキルの選択	焦点づけた認知または行動を修正するように働きかける方略（スキル）を"ひとつ"選択する
	問題への取り組み	選択した方略（スキル）を使って認知または行動の修正に取り組み，問題に対処する
終結部分	セッションのまとめとスキルの振り返り（心理教育）	今回用いたスキルとその目的／意義を言語化して患者と共有する（まとめというのは単に話したことのまとめではない）
	ホームワーク＝アクションプラン	用いたスキルに関連したホームワーク（行動計画）を出す
	クライエントからのフィードバック	疑問点がないか患者に尋ね，疑問があれば説明する

図 3-1：認知行動療法的面接の流れ
大野・田中（2017）『保健，医療，教育にいかす簡易型認知行動療法実践マニュアル』きずな出版，p.62 を一部改変

活の中に起きた問題や悩み，そしてホームワークを実行した結果について話し合います。

　特にホームワークについては，やっていれば十分に褒めた後に感想を尋ね，やっていなければやろうとしてみたか，あるいは，やれなかった理由をクライエントの気持ちに配慮しながら尋ねます。

　（例）「前回から今日まで何か大きな変化はありましたか」
　　　　「前のセッションの後に何か思ったことはありましたか」
　　　　「前回のホームワークは○○でしたができましたか。やってみて気づいたことやご質問はありませんか」

c．セッションにおけるアジェンダを設定する

　a，bの話の中から，今回のセッションで取り組む問題をクライエントと一緒に決めますが，ここで選んだ問題のことを「アジェンダ」といいます。アジェンダは介入計画に基づいて決められ，解決しなければならない具体的な出来事を1つ扱います。その際，クライエントがいくつも問題をもっていて，すべてを解決したいと考えている場合には，1つに絞ることに抵抗感をもつことがあります。しかし，多くの問題を一度に対処しようとするとかえって混乱を招いてしまいますので，まずは優先的に解決しなければならない具体的な出来事を扱うようにします。

　さらに，導入部分においては，問題解決を妨げている認知や行動を明らかにしたうえで，それを修正するためのスキルを選んで「相談・対処部分」に入っていきます。ただし，「クライエントが自ら命を絶つことを考えている場合（自殺・自傷）」「セラピストとの関係性が崩れてきている場合（妨害行動）」「クライエントが生活上の大きな問題を抱えている場合（経済・健康など）」には，それを優先的にアジェンダにするようにしてください（図3-2）。

(2) 相談・対処部分（30分）

a．アジェンダについての話し合い

　選択した認知行動スキルを使って焦点づけた認知または行動を修正することで，問題に対処できるように支援していきます。認知行動療法では，セラピス

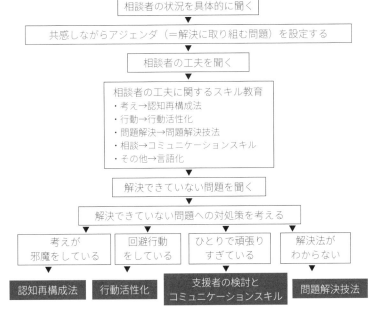

図3-2：アジェンダ設定からスキル選択への流れ
大野・田中（2017）『保健，医療，教育にいかす簡易型認知行動療法実践マニュアル』
きずな出版，p.67

トがクライエントに寄り添いながら共感し，一緒に現実に目を向けてクライエ
ントが気づきを深めていけるように支援をしますが，クライエントが気づきを
深めるためには，クライエント自身が考え，体験し，気づいていけるようにし
なくてはなりません。そのための関係性が「協働的経験主義」なのです。
　認知行動療法は，クライエントが考えを切り替えるようにセラピストが一方
的に教えたり，指導したりする心理療法ではありません。セラピストはホーム
ワークを活用しながら，クライエントが実生活の中で体験をとおして気づきを
深めていけるように支援をします。

(3) 終結部分（5分〜10分）

a. セッションをまとめる

「まとめ」というのは，単に話した内容全体の要約ではなく大事なポイントを押さえます。例えば，今回のセッションで取り上げた問題や，その問題を解決するために使用したスキル，そしてそのスキルはどのように役に立ったのか，あるいはどのような意味があったのかなどについて，クライエントと一緒に簡潔にまとめます。このように，セッションの中で体験したことを整理して言葉にしておくと，頭に残りやすくなって学習効果が高まります。

また，残り時間20分から15分を過ぎたらまとめを意識して，新しい話題に入らないようにしてください。もし，重要な課題が出てきたらホームワークに入れるか，次回話し合うことにするとよいでしょう。

(例)「これで第1回目は終わりですがいろいろ話してみて，ご気分・ご感想
　　　はいかがですか」

　　　「本日は〇〇について話し合い，△△ということがわかりましたね」

b. 新たなホームワークを決める

セッションの最後には，そのセッションで取り上げた認知行動スキルや考え方に関連したホームワークを出します。ホームワークでは，セッションの中でクライエントが気づいたことを生活の中で実践して確認をさせたり，あるいはセッション中に使用したスキルを実際の場面で練習して定着をさせます。そうすることでセッション間につながりが生まれ，クライエントが肌をとおして気づきを深めることができ，問題対処能力を高めることができるようになります。

また，ホームワークを決める際には，クライエントが次のセッションまでの間に実施できる可能性が高いホームワークを選ぶことが大切です。表3-1のポイントを押さえるだけでなく，しっかり実施できるようにホームワークをいつ，どこで，どのくらいの程度，時間をかけて行うかも決めましょう。

(例)「本日は〇〇について話し合い，△△ということがわかりましたね。そ
　　　れに関連して，□□というホームワークをしてみてください」

表 3-1：ホームワークのポイント
大野・田中（2017）『保健，医療，教育にいかす簡易型認知行動療法実践マニュアル』きずな出版，p.74 を基に作成

①セッションで取り扱った事項に関連している
②その意義をクライエントが十分に理解している
③ほぼ実施可能な課題にする
④次回のセッションで取り上げる

c．フィードバックをやりとりする

　最後に，セッションの中で気になったことや疑問に思ったことがないかどうかをクライエントに尋ね，疑問があれば簡単に説明してセッションを終了します。

（例）「本日，話し合ってみていかがでしたか」
　　　「他に伺っておいた方がいいことはありますか」

2．公式を先に教える（心理教育）

　認知行動療法では，いうなれば，先に「公式」や「型」を相手に渡し，その公式や型を当てはめて練習してもらうというスタイルをとります。どんな公式を知ってもらうかというと，大きく分けて次の3つがあげられます。

①　認知行動モデル：状況やこころを分けて理解してもらい，それぞれがどのようにかかわっているのかを客観的に理解してもらう
②　障害の発生の仕組み：精神疾患の発生のメカニズムや疾患の理解
③　CBT による回復の仕組み：CBT の理解と介入など

　認知行動療法ではこれらを心理教育し，自分に当てはめてセルフモニターさせ，実践（ホームワーク）して習慣化させるという流れになります。

［認知行動モデルを心理教育する例］

　クライエントの思考が，情動や行動にどのように影響しているかを「認知行動モデル」を使いながら，クライエントにわかりやすく簡単に説明します。その際，モデル図を描きながら説明してもいいですし，事前に説明書やモデル図を準備して使用しても構いません。セラピストは，クライエントの話と関連づけて自動思考の概念を理解できるように手助けし，思考が情動や行動を生み出す仕組みから，それらが相互作用していることを理解してもらいます。

　［Th：セラピスト，Cl：クライエント］
（先に「認知行動モデル」を説明してから）
Th：これから，あなたの「思考」がいかにあなたの「気分」に影響を与えているかということについて考えてみたいと思います。ここ最近でひどく気分が落ち込んだり，混乱したり，苦痛を感じたことはありましたか。
Cl：はい……，ありました。
Th：それについてお話していただけますか。
Cl：人事異動で営業に配属になったのですが，もともと人と話すのが得意じゃないし，その内命を聞いてどうしていいのかわからなくなって会社を休んでしまいました。
Th：そのとき，どんなことが頭に浮かびましたか。
Cl：うーん，たぶん私は営業成績を上げることができないので，部署の中でも落ちこぼれて，周りからはお荷物として迷惑がられるだろうなぁと考えていました。
Th：（クライエントの言葉をそのまま使って）ということは，あなたの頭には「私は営業成績を上げることができないので，部署の中でも落ちこぼれて，周りからはお荷物として迷惑がられるだろう」という考えが浮かんだのですね。そのような考えが浮かんだことでどのような気分になりましたか。嬉しい？　悲しい？　惨め？　心配？
Cl：すごく惨めな気持ちになりました。
Th：すごく惨めな気持ちになられたのですね。惨めな気持ちになって，身体の方はどうでしょう。お腹が痛いとか，涙がでてくるとか，どんな状態

になりましたか。

Cl ：そうですね……，部屋の中に一人でいて，すごく身体が重くて，頭も重くて，ずっと横になっていました。

Th ：あなたは今，とてもよい例をあげてくださいましたね。思考がいかに気分や身体，行動に影響を与えているかということについて，今のお話をわかりやすく図にしてみましょう（モデル図を描いてクライエントに見せる）。

［状　況］：人事異動で営業に配属という内命を受けた

［認　知］：「私は営業成績を上げることができないので，部署の中でも落ちこぼれて，周りからはお荷物として迷惑がられるだろう」

［情　動］：惨め，体や頭が重い

［行　動］：会社を休む

Th ：状況としては，「人事異動で営業に配属という内命を受けた」そのときあなたの頭には「私は営業成績を上げることができないので，部署の中でも落ちこぼれて，周りからはお荷物として迷惑がられるだろう」という考えが浮かんだ。そしてあなたは「惨め」に感じて「身体や頭が重く」なり，行動として「会社を休んだ」ということですね。いかがでしょうか。

Cl ：はい，そうだと思います。

Th ：例えば同じ状況で「新しい分野で自分の力を試してみたい」と考えたとしたらどうでしょうか。恐らく情動は，「ワクワクする」といった期待が生まれるのではないでしょうか。

Cl ：あぁ，確かに，そうかもしれません……。

Th ：（クライエントがモデル図を理解し，それを言語化できるかどうかを確かめる）では，この思考と情動，行動にはどのような関係があるといえそうか，今度はあなたが私に教えていただけますか。

Cl ：えっと，そうですね，私の考えが感情や身体や行動に影響を与えている，ということでしょうか。

Th：そのとおりです。素晴らしいですね！　他にも何か頭に浮かんだことは
　　ありましたか。

［心理教育のポイント］

　a．認知（思考）が情動と行動を生み出す

　セラピストは認知行動モデルを用いて，クライエントに「思考がどのように
情動や行動を生み出すのか」を説明します。その際，同一の出来事であっても
思考が異なると，それぞれの思考に伴って生じる気分は異なるのだという例を
あげるとわかりやすいでしょう。

　（例）［状況］：上司に仕事のやり方を注意された

　　　　→［思考］Ａ：私は何をやっても駄目な人間だ　→　［気分］Ａ：絶望
　　　　→［思考］Ｂ：上司は気にかけてくれている　　→　［気分］Ｂ：嬉しい

　b．思考と情動は別個の現象である

　多くのクライエントは，思考と情動の違いを明確に意識して暮らしているわ
けではありません。したがって，はじめは何が思考で何が情動なのかを区別す
ることができずに，思考と情動を混同してしまうことはよくあります。

　まず，両者を区別できるように心理教育し，それから情動を喚起した思考に
注目させて思考を検討していくように動機づけましょう。

　c．クライエントのモチベーションを上げる

　心理教育から思考を検討するように動機づける際，クライエントに情動や
（自動）思考を同定することのメリット（例えば，感情を変えることができ
る，感情をコントロールできる，症状を小さくできるなど）を伝えると，クラ
イエントのモチベーションを上げることができます。

　また，セラピストが「一緒に同定する」という協働姿勢を示すことで，より
クライエントのモチベーションを上げることができます。

　（例）「まずは，あなたの考えが気分にどのような影響を与えているのか，一
　　　　緒に考えてみませんか」

　　　　「すぐにキレてしまう，その怒りの感情をコントロールできるように一

緒に検討してみませんか」

d．思考と事実を区別する
　ネガティブな情動をもっているクライエントは，自分の考えをあたかも事実であるかのように受け止めていることが多く（例：「間違いなく失敗する」「絶対嫌われている」など），それを確信するがゆえに，自分の考えを検討することを拒否することもあります。そのようなクライエントには，考えと事実が同じではないことを伝え，その両方を検討する必要性を伝えましょう。
　（例）「では，本当に間違いなく失敗するかどうかを検討してみませんか」

 【Work 4】：「認知行動モデル」の心理教育

① クライエント役に対して「認知行動モデル」の説明をします。

 　第1章からのこれまでの学びをアウトプットして，クライエントに認知行動モデルの仕組みを理解してもらいます。

② 「認知行動モデル」を使い，認知がいかに情動や行動に影響を与えているかについて，クライエント役の体験に基づいて心理教育をします。

 　［認知行動モデルを心理教育する例］（pp.56-58）を参考にしてください。

③ 最後に，クライエント役の思考が感情にどのように影響しているかを検討するように動機づけましょう。

 　検討するメリットを伝え，クライエントがやってみたいと思えるように動機づけます。

導入のための準備

　認知行動療法を実践する前に，セラピスト自身が共感スキルやコミュニケーションスキルを習得していることが前提であることはすでに説明しましたが，加えて「情動（感情）」と「認知（自動思考）」を同定する力をつけておくことも必要です。普段，私たちは自分の考えや感情を明確に意識しているわけではありませんから，まずセラピストが自動思考と感情を分ける力をつけてから，クライエントの自動思考や感情を引き出すようにしましょう。

　また，心理教育する際は，クライエント自身の体験を例として活用すると，心理教育がよりスムーズに行えます。

1. 感情を同定できる力をもつ

　現在は，「生物 - 心理 - 社会（bio-psycho-social）モデル」に基づくアセスメントが主流となっています。すなわち，問題の原因は1つではなく身体，個性，社会環境や人間関係など全てが互いに関係しあっていると考えるのが主流となっています。多面的に，そして全人的にクライエントを理解して問題を探索していきますが，問題が何であってもそこには必ず感情がつきまとっていて，「悲しい」「ショック」「不安」などの感情から問題がスタートしています。つまり，感情に気づいた時点から問題が始まっていることになります。

　したがって，クライエントの感情が警告しているものが何なのかを見分け，そこに共感的理解を示すことがセラピストとしての第一歩になります。

(1) 感情は「言葉のない認知」と考える

　感情を言葉のない認知と捉えると，1つひとつの感情には意味があるという

ことになります。つまり，感情を見つければ，自ずとその裏側の意味が見えて
くるという意味で，フロイトが「無意識への王道は夢である」といったのに対
して，ベックは「認知への王道は感情である」といっています。

（2）相手が何を感じているかを理解する

まずセラピストはクライエントの体験を理解しようと試みます。次に，クラ
イエントが自らの体験を認知行動モデルに基づいて理解できるよう，継続的に
セラピストがそれとなくクライエントに働きかけていきます。

（3）感情の強度を評定する

感情を同定したら，強度を評定することでセラピストの問いかけや対応が適
切だったかどうかを評価することができ，自動思考に対してさらに介入が必要
かどうかを判断することもできます。

また，セラピストだけでなくクライエント側も感情を同定できるようにな
り，さらに強度を評定できるようになると，自身で自己検討することもできる
ようになりますので大変重要な作業といえます。

［感情を心理教育しながら同定する例］

Th：先ほど，アジェンダで友人にメールをしたときのことを話し合いたいと
　　おっしゃっていましたね。

Cl：はい，先日，久しぶりに会社の同期の子にメールをしてみたのですが，
　　なんとなく迷惑そうな，冷たい感じがしたので気になっています。

Th：迷惑そうで，冷たい感じがしたのですね。そのときの感情としては，ど
　　のような気持ちになりましたか。

Cl：んー，「私とかかわりをもちたくないんだろうなぁ」，「迷惑なんだろう
　　なぁ」と感じました。

Th：そうなんですね。「同期の子は，私とかかわりをもちたくないんだ。迷惑
　　なんだ」と思ったのですね。今，言ってくれたことはとても重要な思考
　　なので，ぜひあとから一緒に思考を検討してみたいのですが，今はまず，
　　思考と感情の違いについて理解していただきたいと思います。よろしい

でしょうか。

Cl：はい，わかりました。

Th：感情というのは，あなたがこころで感じる気持ちのことで，たいてい1つの単語で端的に表現できます。例えば，怒り，悲しみ，心配，不安，寂しいなどです。それに対して思考というのは，あなたの頭の中にある考えや思いのことです。思考は通常，言葉や画像やイメージの形で浮かびます。ここまでよろしいでしょうか。

Cl：はい，なんとなくわかりました。

Th：では，同期の方とのメールの話に戻りますが，あなたがその方にメールをしたとき，どんな感情が浮かびましたか。悲しみ？ 怒り？ それともそれ以外の感情ですか。

Cl：とても……悲しかったです。

Th：そうですね，メールをしたのに「同期の子は，私とかかわりをもちたくないんだ。迷惑なんだ」と思うと悲しくなりますね。
それでは，今まであなたが感じたことのある悲しみの中で，あるいはあなたが想像できる悲しみの中で，最も強い悲しみを「100％」だとします。そして全く悲しくないというのを「0％」だとすると，同期の方にメールをして「私とかかわりをもちたくないんだ。迷惑なんだ」と思ったときに感じた悲しみは，どれくらいの強さでしたでしょうか。

Cl：75％くらいでした……。

2．認知（自動思考）を同定できる力をもつ

　非適応的な自動思考を明らかにして修正する手法は，認知行動的アプローチの核心部にあたります。認知行動療法の最も重要な基本構造の1つとして，特徴的な思考パターンを修正するように取り組めば，クライエントの問題や症状を大幅に軽減することができます。

　そのためにも，クライエント自身が自動思考を同定できるように，自動思考についてクライエントに説明し，手助けをして，クライエントの非適応的な自動思考を明らかにしていきます。

［自動思考を心理教育する例］

Th：では，昨日，職場でとても嫌な思いをしたということですが，具体的に何をしていたときでしたか。

Cl：職場の自分の席で，一人でお昼を食べていたときです。

Th：そのとき，どんな気持ちでしたか。悲しい，寂しい，それとも怒り？

Cl：うーん，寂しい，のかな。悲しいのもあるかな……。

Th：そのとき，どんなことが頭に浮かびましたか。

Cl：（状況を説明する）みんなでサッと行ってしまって，気がついたら私一人がポツンと残されていて。

Th：職場で一人ポツンと残されてしまったのですね。そのときに，どんなことがあなたの頭に浮かびましたか。

Cl：誰も私のことなんか気にかけてくれないんだなって……。

Th：いいですね。あなたは今，自動思考をキャッチできましたね！　自動思考は誰にでも生じるものですが，私たちの頭の中に自然に浮かんでくるものなので，このような考えのことを「自動（automatic）」といいます。私たちは普段，意識して考えているわけではないですし，浮かんだ自動思考はとても速く通り過ぎてしまうので，自動思考よりも感情に気づきやすくなります。あなたの場合は「寂しい」「悲しい」でしたね，そっちの方が思考よりも気づきやすくなるのです。

また，自動思考ははじめから何らかの点で歪められてしまっている場合もよくあります。でも，私たちはつい，自動思考があたかも真実であるかのように受け止めてしまう，信じ込んでしまうものなのです。

Cl：はぁ……。

Th：私はこれから自動思考の把握の仕方と，その妥当性を評価するやり方についてお話します。ではまず「誰も私のことなんか気にかけてくれない」という自動思考から検討してみますね。もし，この自動思考が妥当ではないとわかったらあなたの感情はどのように変わると思いますか。例えば，集中して仕事をしていたあなたに気を遣って声をかけなかったのだとしたら……。

Cl：うーん，そうですね……，そんなに落ち込まずに済んだのかもしれません。

【Work 5】：クライエントに心理教育して自動思考の検討を促す

① クライエント役とセラピスト役でアジェンダを決めます。

 【Work4】の振り返りをして，【Work4】で動機づけした話題を
アジェンダにします。

② クライエント役の自動思考について心理教育をします。

 ［自動思考を心理教育する例］（p.63）を参考にしてください。

③ クライエント役の思考や感情を認知行動モデルに当てはめて，モデル
に沿った理解を促します。

 ［認知行動モデルを心理教育する例］（pp.56-58）を参考にし
てください。

④ クライエント役が自動思考を検討するように動機づけます。

 検討するメリットを伝え，クライエントがやってみたいと思
えるように動機づけます。

非機能的思考記録表 (3コラム) を利用する

　自動思考は瞬間的に浮かんですぐ消えるので，感情よりも同定するのが難し
いと感じるクライエントもいます。しかし，考えや気持ちを書き出せば自己を

客観的に見ることができますので，より効果的に自分自身の自動思考を振り返ることができます。そこで，「非機能的思考記録表（DTR：Dysfunctional Thought Record）」を利用して自動思考を書き出してみます。

　一般的には，「非機能的思考記録表」は，認知再構成法（第5章）を行うための手法の1つで，「自動思考記録表」や「コラム（colm）表」ともいわれています。本章では，自動思考を同定することを目的としていますので，非機能的思考記録表の中の「3つのコラム（3コラム）」（付録-1，p.141）を使用します。

　自動思考は心理的に苦悩している人だけに生じるのではなく，全ての人が共通して体験する現象ですから，少し練習すれば誰でも自動思考を意識化できるようになります。特定の問題状況をクライエントと話し合う中で，セラピストはその問題と結びついた自動思考を引き出していきます。

1. 非機能的思考記録表（3コラム）の記入ポイント（表3-2）

表3-2：3コラムの記入例

状　況	自動思考	気　分（%）
お昼休みの時間に一人でお弁当を食べていた	誰も私のことなんか気にかけてくれない	悲しい（60%），孤独（70%）寂しい（30%）
同僚が仕事の業績を全て自分の成果にしてしまった	彼は私を利用している	怒り（100%）
仕事中，たくさんの課題を抱えて行き詰まってしまった	仕事がわからない。できないかもしれない	焦り（70%），無能感（80%）無気力（20%）

注1　クライエントにとって，わかりやすい言葉を使うと馴染みやすくなります。
　　　（例：「情動」→「感情」「気分」など）
　2　気分は，それぞれの強さを0〜100%で記入します。足して100%にする必要はありません。

(1) ［状況］→［気分］→［自動思考］の順に記入する

　慣れないうちは自動思考を特定するのが難しいので，「気分」から先に記入すると「自動思考」を記入しやすくなります。落ち込み，悲しい，イラつく，

焦りなど，まず自分の言葉で素直に気持ちを表現してもらい，気持ちの動きに気づいてからその背景にある自動思考に目を向けて検討していきます。

(2) 取り上げる［状況］は慣れるまで強い情動が起きた出来事や状況を記入する

強い情動が起きた出来事の方が，弱い情動の出来事よりも自動思考を特定しやすいので，強い情動から練習します。すると，次第に弱い情動でも特定できるようになっていきます。

(3)［状況］は簡潔・具体的に記入する

日時，場所，誰といて，何が起きたなど（5W1H），そのときの状況がありありと目に浮かぶように簡潔・具体的に記入することで，場面が明確になってイメージがしやすくなり，自動思考を思い出しやすくなります（つらい出来事を数秒間切り取る）。

（例）×状況：「仕事をしていた」

○状況：「夕方，外出から戻りデスクで名簿の入力作業をしていた」

(4) 気分の強さをはかる

気分に気づいた後は，その感情の強さを「全く感じない0％」から，「最大100％」までを表すことで気分の揺れや変化を認識できますし，客観的に自分の感情をとらえる訓練にもなります。

(5)［自動思考］は「私は〜と思う」に当てはめる

自動思考とは，「上司に嫌われているかもしれない」といった文章で表現されるものです。慣れないうちは可能な限り主語を入れて，「私は〜と思う（思った）」に当てはめると，考えと気分を区別できて，自動思考を特定しやすくなります。

(6) ホットな自動思考を明らかにする

自動思考をたくさん思いつく場合は，そのときの気分を最も突き動かしていた思考（ホットな自動思考）を1つ選び出します。

(7)［気分］は「ゆえに〜と感じる」に当てはめる

　［気分］を記入するには，一言で言えるような感情を特定して当てはめます。はじめはその言葉が感情かどうかを悩むこともありますが，自動思考がはっきりしている場合には，感じたそのままの気分を記入した方が気持ちとのズレが少なく，有効な場合もあります。

　（例）自動思考：「彼は私を利用している」と考えて

　　　　気分：「許せない」と感じた場合に，そのまま「許せない」と記入する

(8)［自動思考］と［気分］を混同しない

　例えば（7）の例で，自動思考に「絶対許せないと思った」と記入し，気分も「許せないと感じた」という場合は，さらに具体的な状況をイメージさせて浮かんだ考えを明確にしますが，どうしても同じになってしまう場合には，自動思考をそのままに，感情にはそれに近い感情を探して（「怒り」または「憎しみ」など），思考と感情を区別して記入しましょう。

✎【Work 6】：非機能的思考記録表（3コラム）に記録する

① ここ1〜2週間の中で，あなたに強い情動が生じた状況，気分（強さ），自動思考を3コラムに書き出してください。

② よかったことも悪かったことも，できるだけたくさん思い出して自動思考を同定する練習をしてみましょう。

2．クライエントの自動思考を引き出す

　実際のカウンセリング場面では当然ですが，まずクライエントの話に耳を傾けます。非機能的思考記録表に書き込むことに一生懸命になるのではなく，クライエントの話の流れを尊重しながら，書き込める欄から書き込むというよう

に，悩んでいるクライエントが主役であることを忘れないでください。非機能的思考記録表はあくまでも脇役です。

はじめに，認知行動モデルを念頭に置きながら問題解決を話し合い，その過程で問題解決を妨げている自動思考にセラピストが気がつけば，それをどのように修正できるかを心理教育し，ある程度全体像が見えてきた段階で書き込むようにします。この作業を何度か繰り返して，クライエントが一人で3コラムを使って自分の考えを振り返り，修正できるように手助けをしていきます。

その際，自動思考を同定するスキルを簡単に習得してすぐに上達するクライエントもいれば，自動思考やイメージを把握するために多くの気づきを促すような質問や練習を必要とするクライエントもいるなどさまざまなクライエントがいます。いずれにしても，3コラムを活用することは，自動思考の影響や感情の流れの理解をスムーズにするだけではなく，その後の介入技法である認知再構成法につなげやすくすることができます。

［クライエントから引き出すポイント］

a.「どんなことが，あなたの頭に浮かびましたか」

クライエントが困っている問題を語っているときや，セッション中にクライエントの気分がシフトしたり，ネガティブな気分が高まったときなどにこの質問を行います。

b. 情動を刺激するような一連の質問を投げかける

悲しみや不安，怒りなどのネガティブな情動が起きるのはクライエントにとってとても重要な出来事ですので，自動思考を報告した後にさらに質問を重ねることで，他の重要な自動思考が明確化される場合があります。中でも，強い情動が含まれている認知に焦点を当てましょう。

c. 共感してからガイドする

先に，共感してからガイドすることで尋問になるのを防いでくれ，さらに，クライエント一人に任せきりではなく，セラピストとクライエントが一緒に協働作業することが可能になります。

d．具体的に掘り下げる

一般的な話題として話を聴くとクライエントは大まかに語ったり，まとまりのない話として語られることが多く，その他，自動思考をほんの少ししか口にしなかったり，ごく表面的な認知しか把握できていない場合があります。そこで，重要な自動思考の発見につながるように，さらに踏み込んで具体的な状況を聴いていきますが，強要されているような感覚を抱かせないように気をつけてください。

e．しっかりイメージする

セラピストもクライエントと同じ状況に置かれていることを想像し，クライエントが考えるように自分でも考えてみます。そうすれば，クライエントの鍵となる自動思考をうまく感じ取れるようになります。

また，なかなか自動思考が引き出せない場合も，クライエントに出来事を再現させたり，具体的にイメージさせて，その出来事が生じたときの思考や情動に触れられるように支援をします。

f．1つの質問事項や1つの出来事にじっくりと時間をかける

さまざまな出来事に次から次へと飛躍しないようにします。複数の状況で多くの認知を検索するよりも，ある特定の状況で生じた一連の自動思考を引き出すという作業を徹底して行うことが重要です。

なぜなら，クライエントが1つの困難な事柄に対する自動思考を完全に同定できるようになれば，生活の中で抱えている他の重大な問題に対しても，自力で同じことができるようになる可能性が高くなるからです。

g．遠い過去の出来事ではなく最近の出来事に着目する

最近の出来事に関する質問は，通常その場面で実際に生じた自動思考を明らかにしやすく，また修正しやすいという利点があります。たとえ，問題が過去にあるとしても，それが現在の中で再現されていることが多いので，不確かな過去を問うよりも「今」に焦点を当てる方が有効となります。

その一方で，ときとしてPTSDやパーソナリティ障害あるいは慢性疾患を

もつクライエントには、昔の出来事に関する質問を進めることが有意義な場合もあります。

　なお、「何が頭に浮かびましたか」という質問にクライエントがうまく答えられないときは、セラピストは続けて以下のことを行ってみてください。

[自動思考を引き出すことが難しいとき]

　クライエントによっては、なかなか自動思考を思い出せない場合があります。そのようなときには問い詰めるのではなく、クライエントが思い浮かびやすいように問いかけ、そしてスモールステップを踏んで考えてもらうと自動思考を思い出しやすくなります。以下ジュディス S. ベック（2015）の「自動思考を引き出すことが難しいとき」（表 3-3）をご紹介しますので、クライエントに合わせて質問を工夫し、クライエントから自動思考を引き出してみてください。

表 3-3：自動思考を引き出すことが難しいとき
ベック、伊藤ほか訳（2015）『認知行動療法実践ガイド：基礎から応用まで　第 2 版』星和書店，pp.198-203 を基に作成

・どのような気分を感じているか、感じていたか、そして身体のどの部分で感じていたかを尋ねる（感情反応と生理反応を引き出す）
・問題となっている状況を詳しく描写してもらう
・苦痛な状況を映像化してもらう
・（もし苦痛な状況が対人状況であれば）具体的なやりとりを援助者とロールプレイすることを提案する
・イメージを引き出す
・クライエントの頭に浮かんだであろうと想定される思考と真逆の考えを提示してみる
・状況の持つ意味合いを尋ねる
・質問を違う言葉で聞き直す

a. どのような気分を感じているか，感じていたか，そして身体のどの部分
　で感じていたかを尋ねる（感情反応と生理反応を引き出す）

（例）「そのときの気分はいかがでしたか」

　　　①　→「体のどのあたりで恐怖を感じましたか」

　　　②　→「今，そのときと同じように全身で恐怖を感じるとすると……，
　　　　　　どんなことが頭に浮かんできますか」

b. 問題となっている状況を詳しく描写してもらう

（例）「その状況をもう少し私に教えていただけませんでしょうか。他にどん
　　　なことが起こっていたでしょうか」

　　　①　→「それはいつ，誰と，何を，どのように，と具体的に教えていた
　　　　　　だけますか」

　　　②　→「それをやろうとしたらどうなったのでしょうか」

　　　③　→「どうにも動けなくなってしまったそのとき，頭では何を考えて
　　　　　　いたのでしょうか」

c. 苦痛な状況を映像化してもらう

（例）「今，まさに職場のデスクに座っているとしてイメージしてください。
　　　上司が近づいてきて，隣の席の同僚は下を向いてしまい，あなたもと
　　　ても緊張してきました。上司はどのあたりに立って，あなたに何と
　　　言っていますか」

　　　①　→「そのとき，あなたは何をしましたか」

　　　②　→「すると，周りの人たちの様子はどうでしょう」

　　　③　→「そしてそのとき，あなたの頭には何が浮かんできましたか」

d. （もし苦痛な状況が対人状況であれば）具体的なやりとりを援助者とロー
　　ルプレイすることを提案する

（例）「あなたが友人に言ったことと，友人があなたに言ったことを教えてい
　　　ただけますか」

　　　①　→「ここでロールプレイをやってみたいと思います。私が友人の役

をやるので，あなたは自分の役をやってみてください」

②　→「再現してみて，そのときどんなことが頭に浮かんだかわかりましたか」

e．イメージを引き出す

（例）「その場面をイメージできますか。その状況を頭に思い浮かべてみてください」

①　→「どんな場面で，何をしていたところなのでしょうか」

②　→「その場面を思い浮かべると，どんなことが頭に浮かんできますか」

f．クライエントの頭に浮かんだであろうと想定される思考と真逆の考えを提示してみる

（例）「満員電車の中で，今日も楽しい一日になりそうだとワクワクしていましたか」

g．状況のもつ意味合いを尋ねる

（例）「今期の評価がBだったということは，あなたにとってどんな意味があるのでしょうか」

h．質問を違う言葉で聞き直す

（例）「人事異動を願い出ると上司から『頑張れば結果は伴う』と言われて，何を考えましたか」

①　→「どんなふうに感じましたか」「どういう意味だと思いましたか」

また，以下のようにベックの「否定的認知の三徴」を使った質問も有効です。

否定的認知の三徴*（自己・世界・将来）を中心に質問する

＊「否定的認知の三徴」については，第5章で説明しています。

自己の例：「そのとき，あなた自身についてどのようなことを考えてい

　　　　　　　　　ましたか」

世界の例：「そのとき，相手についてどのようなことを考えていました
　　　　　か」

　　　　　「周囲の人があなたについてどのように考えていると思いま
　　　　　したか」

将来の例：「そのことが，今後どのようになっていくと思いましたか」

 【Work 7】：クライエントの自動思考を記録する

① 【Work5】の続きから始めます。

② 【Work5】の話題を，非機能的思考記録表（3コラム）に記入するよ
　うクライエント役を促します。

 　まず，簡単に記録表の説明をしてから，問題の［状況］を記
入するのを手伝います。

③ そのときの［感情］とその強さを0〜100％で記入してもらいます。

 　［感情を心理教育しながら同定する例］を参考にしてください。

④ そのとき，頭に浮かんだ［自動思考］を記入してもらいます。

⑤ 記録表をカウンセラー役とクライエント役の二人で客観的に見なが
　ら，モデルに沿ってクライエント役に自動思考が生じる仕組みを再度
　心理教育します。

⑥ 2段目以降は，そのときに他の自動思考があれば同じように記入し，
　なければ違う状況でネガティブな気持ちになるようなことがなかった
　かなどを聞いて，他の状況の自動思考を同定する練習をします。

第 **4** 章

事例概念化・定式化

アセスメントと事例概念化・定式化

1. アセスメントと事例概念化・定式化の関係

　近年では，「生物 - 心理 - 社会（bio-psycho-social）モデル」に基づくアセスメント，すなわち生物学的，心理学的，社会学的な３つの視点からクライエントの状態像を立体的に捉えることの重要性が主張されていることについてはすでに触れましたが，認知行動療法はまさにこのモデルに合致する枠組みをもつといえ，その点においても認知行動療法は幅広い介入が可能であることを意味しています。

　しかし，幅広い介入を適切に行うためには多様な情報を系統的に収集するとともに，それらを統合して問題の構造を明確化し，個々の事例に適した介入方法を定める必要があります。アセスメントで得られる情報がたとえ正確で網羅的なものであっても，ただ羅列されているだけでは介入方針を立てるには役立たず，つまり，情報とは有機的に集約されて初めて実践上の意味をもつものなのです。そこで，「見立て」ないしは「ケース・フォーミュレーション」といわれる「事例の概念化（case conceptualization）・事例の定式化（case formulation）」を行うことが不可欠であり，認知行動療法ではアプローチの基礎として重要視されています。

　事例概念化・定式化とは，認知行動療法の中核を成し，問題解決に向けてクライエントとの協働作業を進めるためのロードマップのようなものです。アセスメントで得られた重要な所見全てを検討し，さらにクライエントの主訴は実際にどのように生じているのか，どのように維持されているのかなど，具体的な体験をもとに認知行動モデルに沿って理解することで統合的な概念化・定式化を行うことができます（表4-1）。

表 4-1：アセスメントと事例概念化・定式化の目的と実施方法

〈アセスメント〉

[目　　的]

- クライエントの症状（問題）を描写できるように情報を得る
- 事例概念化・定式化に必要な情報を収集する

[実施方法]

- クライエントが一番困っている問題（主訴）から聴く
- 主訴にまつわる情報を聴きながら，クライエントが現在何にどのように困っているのかを聴く
- 問題発生のきっかけや発展経緯について情報を得る
- できるだけ具体的に体験として聴く

〈事例概念化・定式化〉

[目　　的]

- 問題を維持しているメカニズムについて仮説を立て，共有し，問題解決のサポートを行う際に反映させる

[実施方法]

- アセスメントで得られた情報をもとに，維持パターンの仮説を共有する
- 過程をとおして協働関係を形成し，維持させる
- 問題に関する心理教育を行って共通理解を形成する
- 介入計画のベースを作る
- 介入方針に沿ってホームワークを出すことで日常場面の悪循環を変えるのを援助する

　事例概念化・定式化は全体として，次の5段階から構成されます。

　第1段階：協働関係を形成しながら問題を特定化する。

　第2段階：問題を生じさせている要因と維持させている要因を探り，問題の構造（メカニズム）に関する仮説を生成する。

　　　　　　（このとき行動療法系では「機能分析」を，認知療法系では

「スキーマ分析」を重視する点に違いがある）

第3段階：仮説の妥当性を検討して介入方針を立てる。

第4段階：クライエントの同意を得て介入を開始する。

第5段階：介入効果を測定，評価し，必要に応じて事例概念化・定式化の修正を繰り返して，より効果的な介入を発展させていく。

2. クライエントを一人の人として理解するために

認知行動療法は，決してクライエントの「認知」「思考」「情動」「行動」の関係性のみに着目しているわけではありません。事例概念化・定式化をする大切なポイントは，クライエントを一人の人として理解することなのです。そのためにもクライエントを立体的に捉えること，すなわち症状だけでなく，その人の社会的な在り方や人間としての生き方全てを理解し，問題の構造と介入方法の仮説を生成して，介入方法を定める必要があります。大野・田中（2017）によれば，事例の概念化・定式化には次の3つのレベルがあるとされています

症例の概念化──3つのレベル

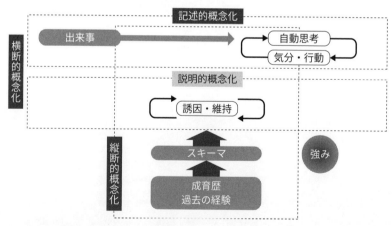

図 4-1：症例の概念化──3つのレベル
藤澤大介作成／大野・田中（2017）『保健，医療，教育にいかす簡易型認知行動療法実践マニュアル』きずな出版，p.48

（図 4-1）。

「縦断的概念化」：生まれ育ちを理解する

「説明的概念化」：発症の誘因と維持要因を理解する

「記述的概念化」：毎日の生活の中でどのような悪循環が起きているかを理解する

※「説明的概念化」と「記述的概念化」を合わせて、「横断的概念化」と呼ぶこともあります。

「縦断的概念化」は、過去を振り返って概念化するので信頼性は低くなりますが、クライエントの特徴や長所を理解するためにはとても有用な概念です。

そして、事例概念化・定式化を行うには、これら 3 つのレベルから表 4-2 の 7 つの領域に関する情報を集め、アセスメントで得られた重要な所見を全て検討します。

表 4-2：事例概念化 7 つの領域

Wright ほか、大野・奥山監訳（2018）『認知行動療法トレーニングブック（第 2 版）』医学書院、pp.58-59 より作成

① 診断と症状

② 小児期の体験やそのほかの形成期の体験の影響（生育歴）

③ 状況や対人関係に関連した事柄（現病歴）

④ 生物学的・遺伝学的および医学的要因

⑤ 長所と強み

⑥ 自動思考、情動および行動の一般的パターン

⑦ 根底にあるスキーマ（中核信念および条件信念）

そうすることで、心理的な要素だけではなく、生物（身体）的な要素や、社会（対人関係）的な要素も組み込むことが可能となりますし、問題を維持している悪循環の構成を明らかにすることができます。

したがって、事例を概念化する際に中心となるステップはこの作業仮説の構築であり、作業仮説は直接的な治療的介入の中で利用されることになります（図 4-2）。

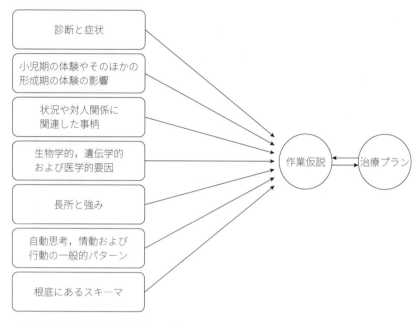

診断と症状

小児期の体験やそのほかの
形成期の体験の影響

状況や対人関係に
関連した事柄

生物学的，遺伝学的
および医学的要因

長所と強み

自動思考，情動および
行動の一般的パターン

根底にあるスキーマ

作業仮説

治療プラン

図 4-2：事例概念化フローチャート
Wright ほか，大野・奥山監訳（2018）『認知行動療法トレーニングブック（第 2 版）』医学書院，
p.59 を基に作成

　また，事例概念化・定式化は，カウンセリングを開始した初期の段階でいったんまとめて，3 セッションまでには目標と方針を共有します。その時点での概念化は事例の輪郭にすぎないかもしれませんが，初期段階から概念化・定式化について考え始めることは極めて重要だといわれています。その後に，クライエントを知れば知るほど情報を追加することができますし，また，自分の考えた理論が正しいかどうかを検証することができたり，あるいは，計画が的を射ているかどうかを知ることもできます。もし，理論に誤りがある場合は，その概念化・定式化を修正して計画変更を検討する必要性が出てきます。

　このように，事例概念化・定式化とは，広い視点から悩みを抱えている人を理解するためのものなので，カウンセリングが進んで情報が増えるに従い，すなわち，よりクライエントへの理解が深まるに従い改訂を行って，カウンセリングの進め方を常に検討していきます。

認知行動療法事例定式化ワークシート

上記のような事例概念化・定式化を行うためには，情報をまとめて「事例定式化ワークシート」（付録 -2，p.142）に書き込むと便利ですが，シートを埋めようとして詳しく聞きすぎたり，質問攻めになったりしないよう，自然な会話の流れになるように注意してください。

なお，本来このシートは治療的な介入を想定して治療計画が立てやすいように工夫されていますが，本書では医療現場だけでなく，産業や教育など多くの現場で簡易に認知行動療法を用いることを目的としていますので，内容の一部を改変して他領域でも使用できるように一般化して紹介しています。事例定式化ワークシートの各項目の記入ポイントは，表4-3 を参考にしてください。

［事例概念化・定式化のポイント］

a．目標の設定

① 全般的な目標（大きな目標）と具体的な目標（小さな目標）に分けて考える
  ・全般的な目標：大まかな達成目標
  ・具体的な目標：全般的な目標を達成するための手段（実現可能，客観的に目に見える変化がある，変化が測定可能）

② 以下の点をチェックしてください
  ・その目標は将来につながっているか
  ・自分でコントロールできる目標か（他人をあてにしていないか）
  ・達成困難な目標ではないか（絶対にキレない，など）
  ・本人の望みや変化が起きやすい行動を優先しているか

表 4-3：認知行動療法事例定式化ワークシート（記入のポイント）

Wright ほか，大野・奥山監訳（2018）『認知行動療法トレーニングブック（第 2 版）』医学書院，p.61，大野・田中（2017）『保健，医療，教育にいかす簡易型認知行動療法実践マニュアル』きずな出版，pp.51-52 を基に作成

Reprinted with permission from *Learning Cognitive-Behavior Therapy: An Illustrated Guide*, Second Edition, (Copyright ©2017). American Psychiatric Association. All Rights Reserved.

日付：

氏名：		
診断／症状： DSM に基づいて診断を記入します。問題となる症状や，評価尺度の点数の記述も役立ちます。		
形成期の影響（生育歴）： 生育歴の概要とクライエントの特性に影響を与えている背景・状況・出来事（家庭環境，大きなライフイベントなど）を中心に記述します。クライエントの人となりを理解することが目的ですので，詳細な記述は必要ありません。		
状況的な問題： 次の項目を記述します。①いつ，どういうきっかけで今回の状態が始まったか。②その後の経過はどうであったか。経過に関する状況的な問題に何があるか。③通院の状況。④現在どのようなことが問題になっているか。問題を持続させている要因には何があるか。		
生物学的，遺伝学的および医学的要因（既往歴，家族歴など）： 既往歴（精神的・身体的），併存疾患，家族歴を記載します。		
長所／強み： 回復に活かせそうな，クライエントの長所や強みを記載します。支援体制（頼りになる人）なども含みます。		
目標： 主にクライエントの視点で問題になっている事柄，困っている事柄，改善・解決できるとよい事柄を記述します。大きな目標（例：復職する）と，そのための小さな目標（例：生活リズムを整える）の両方を意識して検討するとよいでしょう。		
出来事 1	出来事 2	出来事 3
自動思考	自動思考	自動思考
情　動	情報収集の中で語られたストレスフルな出来事と，それに対するクライエントの反応（思考・情動・行動）をいくつか記入します。	情　動
行　動	行　動	行　動
スキーマ： 「形成期の影響」や「最近の出来事への認知・情動・行動パターンなどを踏まえて，スキーマの仮説を立てます。		
作業仮説： 症状の背景要因や問題，治療目標，強みなど，クライエントを全人的に理解したうえで，認知行動モデルを考慮に入れた全体的なクライエント像を記入します。簡潔でわかりやすい申し送りのイメージで記入します。		
計画： クライエントの抱える問題・目標を踏まえて，認知行動療法的アプローチを記載するだけでなく，薬物療法や環境調整などを含めた，包括的な方針を書きます。発達歴，治療関係なども考慮します。		

b．スキーマを同定するために

① スキーマに気づくための質問をする
　　・こころの中にあるルールや法則について
　　・頭に浮かんだ考えはどんなことを意味しているのか

② 生活史を振り返る
　　・価値観やモットーのようなものはあるか
　　・価値観を一変させるような体験や人物はいるか
　　・自動思考のパターンや繰り返されるテーマはあるか

c．作業仮説の検討

① 現状の問題を発生させている思考・感情・行動・生理的反応を理解して描き出す

② クライエントの心理社会的発達史・生物学的要因・強み・スキーマに基づいて理解し問題解決につなげる

d．計画の立て方

① どれか１つではなく，クライエントの現状や目標に応じて優先的に相補的に用いる
　　・〈やる気が出ない〉 →休養・気分転換（行動活性化）
　　・〈考えに縛られている〉 →考えを切り替える（認知再構成法）
　　・〈現実的問題〉 →問題解決（問題解決技法）
　　・〈一人で頑張りすぎ〉 →周囲の支援・コミュニケーションスキル（相談）

② 長所がはっきり認められるようになった場合は，進め方を変更して長所を利用する

③ 支援の阻害要因があれば，それに対する対処法も入れておく

【Work 8】：事例定式化ワークシートに記入する

① 下記のクライエント役に，認知行動療法事例定式化ワークシートの項目を意識してインテーク面接としてのロールプレイングを行い，情報を収集します。

 一人ずつ，受容・共感しながら情報を引き出して，7つの領域に関する情報を集めます。

　① 診断と症状
　② 小児期の体験やそのほかの形成期の体験の影響（生育歴）
　③ 状況や対人関係に関連した事柄
　④ 生物学的・遺伝学的および医学的要因（現病歴）
　⑤ 長所と強み
　⑥ 自動思考，情動および行動の一般的パターン
　⑦ 根底にあるスキーマ（中核信念および条件信念）

 ラポール形成を意識し，問診にならないように注意して，協働作業できるように努めてください。

② ロールプレイングが終わったら情報を整理し，できる範囲で各項目に記入します。

［クライエント：大野里香（仮名）／31歳／大学院卒／未婚／外資系生命保険会社勤務］

●相談したい内容

　入社して4年目になりますが，自分に自信がもてません。上司に問い詰められて答えられなくなったり，同僚も上から目線なので何も言い返すことができなかったり，自分がこの会社に合わないのか，自分がダメだからなのかわからなくなってきました。結婚も考えなければいけない年齢ですし，転職も含めて今後どうしたらいいのか相談したいです。

◆記入例は巻末解答（p.138）参照

【Work 9】：事例を概念化・定式化する

① 認知行動療法事例定式化ワークシートの項目を意識して，インテーク面接としてのロールプレイングを行い情報を収集します。
受容・共感をしながら情報を引き出して，7つの領域に関する情報を集めます。

　直接記録してもいいですし，ノートに記入しても構いません。
ラポール形成を意識し，問診にならないように注意して協働作業できるように努めてください。

② セラピスト役とクライエント役を交代してロールプレイングを行います。

③ ロールプレイングが終わったら情報を整理し，シートの各項目に記入します。

④ 整理した情報をもとに，事例概念化・形式化をしてみましょう。

　できるだけ多くの項目を埋められるといいですが，不慣れなうちは全て記入できなくてもいいですよ。

第 5 章

認知再構成法

認知再構成法の基本概念

認知再構成法は，認知行動療法における「認知的技法」であるとともに狭義の認知療法であり，現在でも認知療法系の認知行動療法の中心的な技法となっています。認知理論に基づいて何らかのきっかけで生じた思考に注目し，自身の思考と現実を対比させて一致する事実と反する事実を検討して，思考の歪みを明らかにするとともに新たな適応的思考を導きます。

すなわち，認知再構成法は，具体的に問題解決をする際に解決を妨げるような認知の影響が強く見られる，つまり，自分の考えに縛られて問題解決が進まない場合に活用できる技法です。認知再構成法はうつ病に端を発し，いまや不安症などその他の精神障害への適用や，健康増進，予防教育などの健康心理学領域にも適応が拡大しています。

うつ状態の認知と認知再構成法

私たちは通常，悩んだり落ち込んだりするとネガティブな考えに縛られてしまいますが，特に，うつ状態になると「自分はダメな人間だ」「みんなから嫌われている」「周りに迷惑をかけている」「これから先もよいことなんて何もない」「つらいことばかりだ」など，全てにおいて否定的で悲観的に物事を考えてしまいがちになります。これが，いわゆるベックの「否定的認知の三徴（negative cognitive triad）」（表 5-1）といわれる思考の特徴です。現実以上にネガティブな面ばかりを見てどんどん自分を追い込んでいき，悲観的，否定的な考え方が次の 3 つの領域に現れるという特徴をもちます。

そして，ただでさえ落ち込んでいる状態でこのような思考に陥ってしまうと，次々に自分自身を責めてしまい，その結果ますます落ち込むことで，孤独

表 5-1：否定的認知の三徴
ベック，大野訳（1990）『認知療法：精神療法の新しい発展』岩崎学術出版社，p.86 を基に作成

---

① 自分自身について：自己否定
　自分の能力を過度にマイナスに考えたり，過度に自分を責めたりする。

② 相手・周囲との関係性（世界）について：相手・周囲との考えを悪く考える
　他人の気持ちをマイナスに深読みしすぎたり（被害妄想），十分に考えないで「うまくいかない」と決めつける。

③ 将来について：将来を悲観的に捉える
　はじめから「どうせダメだ」と諦めてしまったり，現状がいつまでも変わらないと思い込んだりする。

感や無力感にとらわれてしまい，完全に負のループにはまって抜け出せなくなってしまいます。

　このようなループから自由になるためには，そのときにパッと頭に浮かんだ考え，すなわち「自動思考」を振り返ることが大変役に立ちます。現実に目を向けて状況を客観的に捉え，自分を苦しくさせている考え方に気づいたり，さらに，柔軟な考え方ができるようになれば気持ちがずいぶん楽になって，より問題を解決しやすくなります。この作業が「認知再構成法」，通称「コラム法」であり，認知行動療法で重要な位置を占めるスキルの 1 つとなっています。

　しかしまた，認知再構成法とは，最終的に考え方を変えることを目指すための技法ではありません。認知再構成法で大切なのは，問題を解決するために視点を変えてみたり，問題解決につながるような工夫を含んだ考え方ができるようになることなのです。したがって，感情が妥当なものであり，悲観的な考え方を必ずしも問題にする必要がない場合には，認知を修正するよりも現実の問題に適切に対処できるように支援する必要があります。ただし，いくら妥当な感情であってもそれが強すぎれば非適応的な行動が起こる場合がありますので，その際には認知再構成法を使って考えを切り替えることで行動をコント

ロールすることができます。

非機能的思考記録表 (7 コラム) による進め方

認知再構成法は対話の中で行うこともできますが，非機能的思考記録表を利用した方がクライエントが自分の考えを整理して，客観視するのに役立ち，効果的な自動思考の振り返りができることは第3章で触れたとおりです。

非機能的思考記録表にはさまざまなものがありますが，本章では項目の数が7つある代表的な「7つのコラム（7コラム）」（付録-3，p.143）を紹介します（表5-2，5-3）。7コラムは表5-2の内容で構成されることが一般的で，自動思考の根拠と反証を検討することで現実に目を向けさせて，適応的な思考を導くことができるという点において優れているのでよく使われています。簡易にして5コラムにしたり，あるいは行動を入れた行動表を作るなど，自分で使いやすくアレンジして使われることもあります。

非機能的思考記録表にあげられている項目は決して特別なものではなく，普段から友達や家族の相談に乗っているときと同様の話の流れであり，また，私たちが自分で考えながら問題を整理しているときの考えの流れでもあります。それを記録することで振り返りやすくしているのがこの思考記録表で，これを上手に使えるようになると自分で自分の相談に乗ることができるようになります。

7コラムの進め方としては，まず最初に状況，気分，自動思考を書き込んでいきますが，クライエントの自動思考の引き出し方については，すでに第3章で説明をしました。導入する際には，状況，気分，自動思考の把握（3コラム）

表 5-2：非機能的思考記録表（7 コラム）の例

状　　況	気持ちが動揺したときの具体的な状況
気　分 (%)	そのときの気持ちや感情と強さ
自 動 思 考	出来事が起きた瞬間に頭の中に浮かんだ考え そのときに何を考えたのか
根　　拠	自動思考を裏付けるような具体的な事実・証拠
反　　証	自動思考と矛盾するような反対の事実・証拠
適応的思考	バランスのよい考え方
気分の変化	バランスよく考えを変えてみたときの今の気分の変化

表 5-3：非機能的思考記録表（7 コラム）の記入例

状　　況	お昼休みの時間に一人でお弁当を食べていた。
気　分 (%)	悲しい（60 %），孤独（70 %），寂しい（30 %）
自 動 思 考	誰も私のことなんか気にかけてくれない。皆に嫌われている。
根　　拠	気がついたら一人だけ席に取り残されていた。声をかけてもらえなかった。
反　　証	嫌いだとは言われていない。私は電話で話をしていた。
適応的思考	・お昼になっても私が電話で話をしていたので，声をかけづらかったのかもしれない。仕事の邪魔をしないように気遣ってくれたのかもしれない。 ・今回声をかけてもらえなかっただけで，一般化して決めつけていないだろうか。 ・すぐに悪い方に考えるのは悪い癖。むしろ，気を遣ってもらったのかもしれない。明日は自分からランチに誘ってみたらどうか。 ・嫌われているのかなと思ったときも，自分から声をかけると笑って答えてくれた。 ・タイミングよく電話が終わるわけではないし，仕事はランチよりも優先した方がよい。
気分の変化	悲しい（40 %），孤独（30 %），楽しみ（30 %）

ができるよう繰り返し練習をしてもらいます。そして次に，そのときの自動思考を検討するために4コラム以降に進んでいきます。考えが必ずしも現実そのものではない可能性があるので，自動思考の根拠と反証となる情報を収集して検討し，より柔軟で現実的なバランスのいい思考を案出します。そして，次につながるような工夫ができる前向きのこころの状態を作り出して，最後に気分がどのように変わったかを確かめていきます。

1. 状況・気分・自動思考（3コラム）

　第3章（3コラム）でも説明しましたが，この3コラムでは問題に直面した際に，頭の中に瞬間的に浮かんだ自動思考が必ずしも事実ではないということに気づくことが大切です。そのためにも，具体的に状況を書き出す必要がありますが，状況を詳細に聴きすぎると話の焦点が絞れなくなりますので，状況が曖昧なときだけ，何が起きたかを具体的に尋ねて状況を明確化するようにします。

　状況が確認できたら，次は感情に目を向けていきます。感情にはアラームの役割がありますから，強い感情が起きているということは，何かしらそこに問題が起きている可能性がありますので，その背景にある自動思考を検討することで何が起きているのかを把握することが可能になります。さらに，その感情を数値化することで，少し冷静になって状況や気持ちを見つめることができますし，あるいは認知再構成法の作業の後に気分の変化を確認することもできます。

　最後に自動思考を書き出していきますが，その後に，考えの強さを評価してもらうこともあります。特に気持ちがひどく動揺したときほど，何を考えていたかわからないといったことが起こりやすくなります。クライエントの気持ちが落ち込んでいるようなら否定的認知の三徴に目を向けて，悲観的に考えすぎていないかを検討してみるとよいでしょう。

　また，自動思考がすぐにわからないクライエントにはあまり無理をしないで，落ち着いてから振り返ってもらったり，次に同じようなことが起こった際に，どういうことが頭に浮かんだかを意識してもらったりして，別の機会に話

し合うようにしてください。

2. 適応的思考の見つけ方

　適応的思考とは，自動思考を裏づける事実（根拠）と自動思考とは矛盾する事実（反証）をもとに視野を広げたバランスのよい考え方のことで，はじめの非適応的な思考（自動思考）に代わる新しい考えのことをいいますが，どんなときにもポジティブに考えるという意味ではありません。

　そもそも，認知再構成法は考えを変えるための技法ではなく，問題解決するためのアプローチ方法です。問題を大きくするような激しい感情を伴う考え（ホットな自動思考）に気づいて他の考え方ができないかを検討し，解決するためには工夫をして現実的な考え方に変えていく必要があります。そのためにも適応的な思考を導くのです。

　本書では，適応的思考の見つけ方として「事実に基づいて考える（根拠と反証をつなぐ）」「視点を変える質問をする」「シナリオ法」の3つの方法を紹介していきます。ただし，コラムの中だけで認知を変えようとするのではなく，併せてホームワークなどの行動実験を用いて，日常生活の体験の中で考えてみたり，実行してみることで適応的思考をより受け入れやすくしてくれます。

（1）事実に基づいて考える（根拠と反証をつなぐ）

　客観的事実をもとに検討していきます。まず，ホットな自動思考を裏づける事実として自動思考の「根拠」をあげ，次に，自動思考と矛盾する事実を検討して「反証」をあげて，それらをつないで適応的思考を導きだす方法です。

　「根拠」と「反証」の両方の客観的事実をあげる際は，それぞれの弁護士になったように事実を探してみるといいでしょう。裁判では主観的な弁護は許されません。「根拠」側の弁護士と「反証」側の弁護士，それぞれの立場に立ってそれぞれの立場を弁護できるような客観的事実を探してみてください。

a.「根拠」を探す

　「ホットな自動思考が正しい」といえる，事実に基づいた証拠を書き出します。ポイントは「客観的な事実を書く」ことですが，「根拠」は比較的スムーズに見つけることができます。ただし，相手のこころを読むような「思い込み」や「解釈」は避けるようにしましょう（表5-4）。

表5-4：間違った「根拠」の例

状　　況	お昼休みの時間に一人でお弁当を食べていた。
気　分 (%)	悲しい（60％），孤独（70％），寂しい（30％）
自 動 思 考	誰も私のことなんか気にかけてくれない。皆に嫌われている
根　　拠	○○さんは自分の評価を上げようとしている。私はこの部署で浮いている。

> 本当にそうだといえますか？
> 事実としての証拠はありますか？

✒️【Work 11】：根拠を探す

①【Work 10】で同定した自動思考が正しいといえる，事実に基づいた証拠を書き出してください。

b.「反証」を探す

今度は逆に「ホットな自動思考が間違っている」という，事実に基づいた証拠を書き出していきますが，この「反証」を引き出すのを難しく感じる場合があります。なぜなら，もともと「根拠」側の事実しか見えていないからこそ悩んでいるわけですから，すぐに出てこないのは当然ともいえます。

そこで，「反証」を引き出すコツとしては「根拠とは異なる事実に着目する」ことと，「認知の歪みを修正する」ことで，矛盾や見逃している事実を探して書き出していきます。

①根拠とは異なる事実に着目する

自動思考に対して，先ほどあげたような「根拠」の事実にだけ目を向けていると，確かに悲観的な気分が強くなります。しかし，少し視野を広げて自動思考とは矛盾する現実が見えてくると，少し気持ちが楽になってきます。自動思考に縛られず，現実に目を向けて「反証」の事実をあげてみましょう。

②認知の歪みに注目する

考え方に偏りがあることに気づくと，客観的な事実が見えやすくなります。考え方が，実際の出来事よりもマイナスに捉えていないかどうかを気づかせるためにも，ホットな自動思考の特徴を検討します。認知の歪みには表5-5のような種類があり，自分の自動思考がどれに該当しているかを検討して特徴に気づいてもらいます。これらの思考の特徴が必ずしも悪いというわけではありませんが，これらの特徴が極端になりすぎているときに問題となります。これらの特徴が見られると，現実の問題に目を向けることが難しくなり，問題に冷静に対処できなくなります。

また，「事実に基づいて考える」方法では，このように自動思考に縛られずに現実に目を向けて証拠を集め，「根拠」と「反証」を書き出してから，それらを「しかし」でつなぐとバランスのよい適応的思考を導くことができます（図5-1）。

表 5-5：認知の歪みリスト

認知の歪み	内　　　容	例
1　読心術	十分な根拠がないのに，他人の考えを自分が知っていると思い込んでしまうこと。	「彼は私のことを負け犬だと思っている」「上司は私を嫌っているに違いない」
2　運命の先読み	物事がますます悪くなるとか，危機が迫っているというように将来を予測すること。	「私はその試験に失敗するだろう」「私はその仕事には就けないだろう」
3　破局視	すでに起きてしまったこと，またはこれから起きそうなことが，あまりにも悲惨で，自分はそれに耐えられないだろうと考えること。	「もし私がそれに失敗したら，生きていかれないだろう」
4　レッテル貼り	自分や他人に対して，大雑把でネガティブな特性をラベルづけしてしまうこと。	「私は駄目な人間だ」「彼は不愉快なやつだ」「あのろくでなし！」
5　拡大解釈と過小評価	自分の失敗を過大に考えて，長所を過小評価し，逆に他人の成功を過大に評価して，他人の欠点を考慮しないこと。	「これは簡単だから，できて当たり前」「誰でもできる」「あの人がうらやましい」
6　マイナス化思考	単に良いことを無視するだけでなく，何でもないことや良いことを，悪いことにすり替えてしまうこと。	「お世辞で褒めてるんだ」「まぐれだ」「本当の私を知らないだけだ」
7　過度の一般化	たった 1 つのネガティブな出来事を基準にして，全てが同じようにネガティブであると考えてしまうこと。	「いつもこうだ。どうせ自分は何を頑張ってもうまくはいかないのだ」
8　二分割思考	出来事や人々を「全か無か」「白か黒か」という極端な視点で捉えること。	「私は皆に拒絶されている」「ミスがあれば，完全に失敗である」
9　「べき」思考	物事を「どうあるべきか」という視点から考えること。「〜すべき」「〜すべきでない」	「私はよい母であるべきだ」「彼は嘘をつくべきでない」
10　自己関連づけ	本来自分に関係のない出来事まで自分のせいに考えたり，原因を必要以上に自分に関連づけて自分を責めること。	「私が悪いから，あの人が浮気をしてしまったのだ」
11　他者非難	自分のネガティブな気分の原因を他人に帰属させ，自分の責任を認めようとしないこと。	「私の問題は全て両親に責任がある」「こうなったのは彼女のせいだ」
12　不公平な比較	自分より人のできる面ばかりに注目し，彼らと自分を比較することによって，自分を劣っていると決めつけること。	「彼女は私より成功している」「皆，私より出来がいい」
13　後悔志向	今できることに目を向けるのではなく，「自分はもっとうまくやれたはずだ」と過去にとらわれてしまうこと。	「あのときもっと努力していれば，今よりいい仕事に就けたのに」「あんなこと言わなきゃよかった」
14　「もし」思考	「もし…だったら」とあれこれ自分に問うが，どのような答えにも決して満足できないこと。	「もし倒れてしまったら」「もし親が死んでしまったら」
15　感情的理由づけ	根拠もないのに，自分の気分や感情に基づいて現実を解釈したり，結論を引き出すこと。	「こう感じるんだから，それは本当のことだ」
16　反証の拒否	自分のネガティブな思考に矛盾する証拠や考えを 1 つも受け入れようとしないこと。	「私は愛されない」と信じる人は，誰かが好いているというどのような証拠も受け付けず，「私は愛されない」と信じ続ける。
17　決めつけ	自分自身や他人，出来事などをありのままに説明したり，受け入れたりして理解するのではなく，「黒か白か」「善か悪か」という視点で決めつけてしまうこと。	「どうせ自分は成績が悪かった」「練習してもどうせ覚えられないだろう」「私にはできない」

〈根　拠〉	「しかし」	〈反　証〉
・気がついたら一人だけ席に取り残されていた。 ・声をかけてもらえなかった。		・嫌いだとは言われていない。 ・私は電話で話をしていた。

〈適応的思考〉

誰からも声をかけてもらえず，気がついたら一人だけ席に取り残されていたのは事実である。
しかし，嫌いだと言われたわけではないし，ちょうどそのとき，私は仕事の電話をしていたという事実もある。

お昼になっても私が電話で話をしていたので，声をかけづらかったのかもしれない。仕事の邪魔をしないように気遣ってくれたのかもしれない。

図 5-1：適応的思考が生まれる流れ
大野・田中（2017）『保健，医療，教育にいかす簡易型認知行動療法実践マニュアル』きずな出版，p.108 を基に作成

 【Work 12】：反証を探す

---

① 【Work10】で同定した自動思考に，矛盾する事実はないか探してみましょう。

② 同じく，自動思考に認知の歪みが見られるかどうかを検討し，当てはまる歪みをすべて書き出してみましょう。

③ ①と②から見えてきた「反証」の事実を記入しましょう。

（2）視点を変える質問をする

適応的思考を導くために「視点を変える質問をする」方法には，a. 認知の歪みを修正する，b. 第三者の視点，c. 過去や未来の自分の視点，d. 経験を踏まえた視点の4つの方法があります。

a. 認知の歪みを修正する

歪みが見つかったら，視点を変えて検討してみることを勧めます。自分を縛りすぎていたり，自分はダメだと決めつけてあきらめていたり，人と比較ばかりして劣等感が強くなっていると問題に適切に対処できなくなりますし，つらい気持ちがより強くなってしまいます。認知が問題を妨げている場合には，現実に即した柔軟な考えに切り替えて対処していくように勧めます。

（例）

〈過度の一般化〉　「<u>いつも</u>私は失敗ばかりしている」
　　　　　　　　　　→　そうではないときをあげる。

〈二分割思考〉　　「今回の仕事は<u>完全に</u>失敗だった」
　　　　　　　　　　→　数値化するなど段階的に考える。

〈べき思考〉　　　「管理職とはこうある<u>べきだ</u>」
　　　　　　　　　　→　具体的な結果に目を向けて解決策を考える。

〈自己関連づけ〉　「失敗したのは<u>自分の責任</u>だ」
　　　　　　　　　　→　自分の責任はどこまでか，誰にどのように責任があるかを相対的に考える。

b. 第三者の視点

次のように，第三者の立場に立ち，自分で自分に問いかけてみるように勧めます。

（例）「もしあなたの大事な人が同じように考えていたら，あなたは大事な人に何を言ってあげますか」

　　　「あなたがそう考えていることを知ったら，あなたの親しい人はどんな言葉をかけてくれると思いますか」

　　　「自分の力だけではどうにもならないことで，自分を責めていないで

しょうか」

c. 過去や未来の自分の視点
過去や未来の自分に声かけをしてみるように勧めます。
(例)「元気なときだったら，どのように考えるでしょうか。違う見方をして
　　　いるのではないでしょうか」
　　　「5年後，10年後に今を振り返ったとしたら，どのように考えるでしょ
　　　うか」

d. 経験を踏まえた視点
これまでの経験をもとに考えてみるように勧めます。
(例)「これまでにも似たような経験をしたことはありませんか。そのときは
　　　どうなりましたか」
　　　→「そのときと今回では，どのようなところが違いますか」
　　　→「その体験から今回役に立ちそうなものはありますか」

(3) シナリオ法
　最悪のシナリオと最良のシナリオを考えて結果を検討してみます。この場合
の最悪なシナリオはどんなことで，最良のシナリオとはどんなことか，それは
起こりうるのかを両極端に考えることで，現実的なシナリオが見えてきます。
（例）

　　最悪のシナリオ　　「電話口で同僚と一緒にランチに行く約束をしていて
　　　　　　　　　　　気がとられてしまい，お客様に上の空で返事をした
　　　　　　　　　　　ことを怒られ，それが苦情となってさらに上司から
　　　　　　　　　　　も怒られてしまう」

　　最良のシナリオ　　「ちょうどお昼になったタイミングでお客様との電話
　　　　　　　　　　　が終わり，同僚と一緒にランチに行くことができる」

　　現実的なシナリオ　「タイミングよく電話が終わることはめったにない

　　　　　　　　　　　　し，仕事はランチよりも優先した方がよい」

　以上，適応的思考を導き出すための方法を紹介しましたが，どれかを選んで使うよりも，これら全ての方法を使って適応的思考の欄（第6のコラム）に適応的思考を書き出してみます。さらに，それぞれの新しい考え方について吟味し，それをどのくらい信じられるか，その確信度を数値化してシートに記入する場合もあります。

📝【Work 13】：適応的思考を見つける

① 「事実に基づいて考える（根拠と反証をつなぐ）」「視点を変える質問をする」「シナリオ法」を使って，適応的思考をいくつも書き出してみましょう。

3．気分の変化を検証する

　適応的思考が記入できたら，最後に第2コラムで書いた「気分」のレベルを再評価して新たな「気分」を第7コラムに記入します（表5-6）。
　このように，「新しい情報」が加わると「新しい見方」ができて「気分も改善」するということを，セラピストとクライエントの協働作業の中で実感してもらえるように支援をします。

［見直しのポイント］

　なお，気分のレベルが変化しないときには，表5-7の点について見直してみてください。認知の歪みが見られない場合には，認知再構成ではなく現実的な問題解決を行ってください。

　思考記録表（7コラム）の記入例は表5-8（p.102）を参照してください。

表 5-6：気分の変化の記入例

気　分（%）	悲しい（60 %），孤独（70 %），寂しい（30 %）
適応的思考	・お昼になっても私が電話で話をしていたので，声をかけづらかったのかもしれない。仕事の邪魔をしないように気遣ってくれたのかもしれない（根拠と反証をつなぐ） ・今回声をかけてもらえなかっただけで，一般化して決めつけていないだろうか。（認知の歪みを修正する） ・すぐに悪い方に考えるのは悪い癖。むしろ，気を遣ってもらったのかもしれない。明日は自分からランチに誘ってみたらどうか。（第三者の視点） ・嫌われているのかなと思ったときも，自分から声をかけると笑って答えてくれた（経験を踏まえた視点） ・タイミングよく電話が終わることはめったにないし，仕事はランチよりも優先した方がよい。（現実的なシナリオ）
気分の変化	悲しい（40 %），孤独（30 %），楽しみ（30 %）

表 5-7：認知再構成法見直しのポイント

状　　　況	情景が目に浮かぶくらい具体的に書けているか
気　分（%）	そのときの気分を正しく評価できているか
自　動　思　考	気分に対応する自動思考がしっかり書けているか 激しい気分を引き起こしているホットな思考を見逃していないか
根　　　拠	推測や思い込みではなく事実があげられているか
反　　　証	客観的視点から自動思考への全ての矛盾点があげられているか
適応的思考	バランスのいい新しい考え方になっているか

表 5-8：思考記録表（7コラム）記入例

状況	気分（%）	自動思考	根拠	反証	適応的思考	気分の変化（%）
仕事中。たくさんの課題を抱えて行き詰まってしまった。	焦り 80 無能感 70	仕事がわからない。できないかもしれない。	現に仕事がわからず、手が止まっている。	すべての部分がわからない訳ではない。わからない部分は人に置けばいい。これまでにも同じようなことがあったが、なんとかやってきた。	確かに今回の仕事は難しくて手を焼いているけれど、手が出ない訳ではない。できる部分とできない部分を選り分ければ、人にアドバイスや助力を得られる。全てを独力でやる必要はないはず。	焦り 20 無能感 30 やる気 30
朝、目が覚めても起きられなかった。	憂鬱 80	いつもからだのどこかが痛い。痛くて何もできない。	今も節々が痛い。	調子のよいときだってある。逆にいつもパーフェクトな体調でなければいけないのか？	少しくらいの不調は、何かを始めればその間忘れてしまうし、大きな不調なら休息のサインだ。遠慮なく休めばいい。その方が長期にはずっとうまくやれる。	憂鬱 50
残業せずに帰宅した	憂鬱 80 不安 90	私は怠け者だ。いつもさぼっている。少なくともそう思われている。	残業時間が職場の誰よりも少ない。	怠けていると誰かに言われたわけではない。必要な仕事はやっている。残業をたくさんしたからといって偉いわけではない。	残るときは残っている。仕事が人生のすべてではない。	憂鬱 40 不安 30

【Work 14】：気分の変化を検証する

① 気分の変化（強さ）を記入します。

② 気分の変化が乏しい場合は，表5-7 に沿って全体を見直し修正します。

③ 最後に，「非機能的思考記録表」に記録した内容を客観的に眺めてみましょう。

第**6**章

行動活性化

行動活性化の基本概念

　認知再構成法が，認知的技法の中核的な技法であるのに対し，行動活性化は
行動的技法の中核的な技法といえます。両者は認知行動療法の中ではうつ病や
抑うつ症状の強いクライエントに対する主要な技法として，現在も精練化され
続けています。認知的技法と行動的技法の活用割合は，抑うつの重症度が高い
ほど，行動的技法の比率が高くなるといわれています（図6-1）。

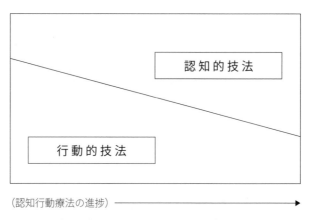

図6-1：うつ状態の相談者に対する認知的技法と行動的技法の
　　　　割合

　行動活性化の視点は大きく２つに分けられ，１つは喜びや達成感などの「快
感情」を増やして活性化する視点と，もう１つはクライエントの回避行動を特
定し，それを克服して目標に向かうように活性化する視点とがあります。クラ
イエントに対して行動面から働きかける「行動活性化」は，いまや「行動活性
化療法」として発展し，うつ状態になったクライエントの行動パターンを変え

ることで気持ちを軽くして，本来の自分を取り戻すための認知行動療法の技法の1つとしてエビデンスを出しています。

　ただし，注意点としては，行動活性化はクライエントの気分によらずに行動を活性化して援助を行いますので，くれぐれもあたたかく誠実な態度で，クライエントの体験する気分を共感的に理解した上で，協働的経験主義としての態度を守りながら行うことを忘れないでください。また，指示的に行動処方をすればクライエントの依存を高めることにもつながりますので，行動選択の主体はクライエントにあることを意識し，クライエントが実験的に行動をとれるように支援してください。

1. うつ状態の行動と行動活性化

　私たちはうつ状態になったり，あるいは落ち込みが強い状態になると，活力の低下や活動への興味の低下，そして課題遂行や問題解決の困難さがみられるようになります。楽しめる活動や生産的な活動へのかかわりが減少することは，さらなる興味や楽しみの欠如につながり，気分の低下，無力感の増加，自己評価の低下になるなど，認知，情動，行動の全てに影響を与えてあらゆる現象の悪化につながります。やがて，負のスパイラルが継続的に起こるようになると「自分は何もできない」と考えるようになって，さらに絶望的な無力状態に陥れば，状況を変えるための努力を全て放棄してしまうことさえもあります。

　このような状態になったクライエントは，「やる気が起きない」「調子が悪い」ので「何もできない」と考えがちになって，気分や調子のいい日にだけ行動しようとします。確かに，気分がよく，やる気に満ちて元気があれば多くのことができる可能性は高くなりますが，やる気がない，調子が悪いからといって何もしないでダラダラしていても元気や意欲が自然に出てくるわけではありません。

　このようなクライエントの考え方は，内面の変化から外面の変化が生じる（inside-out），つまり，こころが元気だと笑顔も出るし活動もできるという発想ですが，行動活性化はその逆で，外面的な行動の変化によっても内面的な気

分や考えに変化が生じる（outside-in），つまり，活動したり笑顔になることで自然にこころが元気になってくるという発想をもちます。

行動活性化では，心理教育をしながら実際に活動や行動を起こして，上記のように外面から内面への変化が生じることを確かめていきます。やる気よりもまず行動してみて，その体験をとおしてやる気を引き出すようにしていきます。

2. 回避パターンからの克服

そこで，行動活性化は単なる生活リズムの立て直しではなく，うつ状態を維持させている特定の「状況−行動−結果」の関係性に焦点を当てて行います。すなわち，うつ状態の原因に着目するのではなく，その状態を維持させている行動と環境との相互作用に着目し，行動を抑制している嫌悪的体験やそれに伴

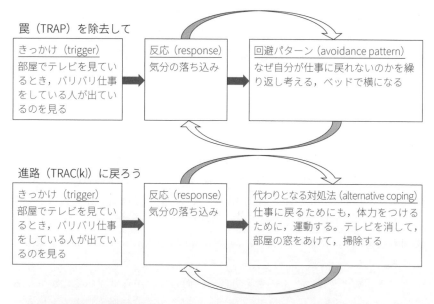

図 6-2：TRAP と TRAC の例
岡本（2012）「うつ病の行動活性化療法」『医学のあゆみ』242（6・7），医歯薬出版，p.508

うネガティブな感情を直接のターゲットにはしないということです。なぜなら，上記のとおりうつ状態になると抑うつ気分を軽減するために「回避（行動抑制）」を行って，調子のよいときは活動し，調子の悪いときは活動しないという生活に陥ってしまい，病気に振り回されている感覚を強めてしまうからです。したがって，行動活性化ではそういった体調の良し悪しにとらわれずに，クライエントが本来望んでいる展開に沿った行動をできる範囲で実行していくことで，その活動をとおしてクライエントの思考や感情がどのように変化していくかというプロセスを大事にしていきます。

　その回避パターンからの克服を示しているのが図 6-2 のモデル図です。落ち込んでいるときに現実を回避するような行動パターンを「TRAP」といい，TRAP の対になるものとして「TRAC」があります。TRAP は「きっかけ（Trigger）」「反応（Response）」「回避パターン（Avoidance-Pattern）」の頭文字をとったもので，回避行動の機能分析ができます。TRAP には「罠」という意味もあり，落ち込んでいるときにはこころが罠にかかったように動けなくなってしまいます。

　一方，「TRAC」とは，「きっかけ（Trigger）」「反応（Response）」「代わりとなる対処法（Alternative Coping）」の頭文字です。まさに，罠（TRAP）に落ちた状態から，健康的な進路（TRAC）に戻れるように支援するのが行動活性化のアプローチだといえます。

3. 行動活性化の中核原則

　どのように行動を活性化するかという方法にはいく通りも考えられますが，クライエントを活動的にし，生活に取り組むことに焦点を当てるという共通性があります。以下の原則（クリストファー R. マーテルほか，2013）に従って行動を活性化するとよいでしょう（表 6-1）。

表6-1：行動活性化の中核原則

マーテルほか，坂井・大野監訳（2013）『セラピストのための行動活性化ガイドブック：うつ病を治療する10の中核原則』創元社，p.25

Table republished with permission of Guilford Publications, Inc., from *Behavioral Activation for Depression: A Clinician's Guide*; permission conveyed through Copyright Clearance Center, Inc. via Tuttle-Mori Agency, Inc., Tokyo

---

【原則1】気分を変える鍵は，行動を変えるように支援することである

【原則2】生活の変化によってうつになり，短期的にしか効果のない対処戦略によってうつから抜け出せなくなる

【原則3】抗うつ効果のあるものを見つける手がかりは，クライエントの重要な行動の前後にある

【原則4】気分ではなく計画に沿って，活動を構造化しスケジュール化する

【原則5】小さなことから始めると変化は容易になる

【原則6】自然に強化される活動を重視する

【原則7】コーチとして振る舞う

【原則8】問題を解決する実証的なアプローチを重視し，すべての結果は役に立つと認識する

【原則9】話をするだけでなく行動する！

【原則10】活性化に向けて予想される障害と，実際の障害のトラブルシューティングを行う

[解　説]

【原則1】気分を変える鍵は，行動を変えるように支援することである

　私たちは，一般的に「内から外へ（inside-out）」という発想になりがちですが，行動活性化は「外から内へ（outside-in）」という考え方を用いるアプローチです。行動の活性化を促していくためには，気分が落ち込むから動けないと思うのではなく，活動をやめてしまうこと自体がうつ状態を持続させているということを理解してもらい，クライエントの苦悩に共感しながらも気分と活動を切り離すことで「内から外へ」という悪循環から脱却し，「外から内へ」という発想の転換を促していくことが重要です。

【原則2】 生活の変化によってうつになり，短期的にしか効果のない対処戦略によってうつから抜け出せなくなる

　これは，「TRAP」の行動パターンを指しています。本来，活動とは「抗うつ効果」をもつものですが，それを脅威と感じてしまうことで生活における行動でさえも回避してしまい，ストレスが溜まったり，引きこもったり，状況が悪くなってさらに落ち込んだりと，より悪い方向に向かってしまいます。回避行動は短期的には安心感や安堵感が得られるかもしれませんが，結果としてうつ状態は長時間持続されることになってしまいます。

【原則3】 抗うつ効果のあるものを見つける手がかりは，クライエントの重要な行動の前後にある

　うつ状態のクライエントは混乱していたり，もう治らないのではないかと絶望した状態にあります。そこで，セラピストはクライエントにどのような行動がうつと関連しているのか，その行動の前と後に何が起きているのかを，クライエント自身が気づいたり，細かく観察できるように支援することでうつ状態から脱出する道を見つけることができます。

　例えば，体調が悪いときや外に出たくないと，犬の散歩をさぼってしまう，あるいは，嫌々犬の散歩に出かけても，些細なことで犬を叱りつけてしまい，それが嫌悪感になってますます犬の散歩をしなくなってしまうとします。そうすると次に，犬に運動をさせないことが虐待だと言われるのを恐れて，人との接触を断ち，一人家に籠ってゲームに没頭してしまうという場合です。このような場合の抗うつ効果のある行動は，犬と散歩に出かけることよりも，対人への回避行動やゲームに没頭する行動に対処することが重要といえます。

【原則4】 気分ではなく計画に沿って，活動を構造化しスケジュール化する

　うつ状態になると，多くの人が何もしたくないと感じます。行動をしてさらに苦しくなるのではないかと心配して，いろいろな場面を避けるようになります。しかし，そうした行動はエネルギーをより低下させてしまい，何もしたくないという気持ちをいっそう強めることになって，クライエントをむしろ苦しめてしまう結果となります。さらに，横になってゆっくり休んでいるつもりで

も，気がつくと横になったまま考え事をしていて，そのために負のスパイラルに陥ってつらくなってしまっているということが少なくありません。

したがって，セラピストはクライエントに「外から内へ」と活動するように働きかけます。調子のいい日を待ったり，気分のいい日に行動するのではなく，まず活動するように働きかけ，目標に従って行動するように勧めます。いかなる気分であっても，達成感をもたらす行動や抗うつ効果のある行動を増やすことで，徐々に気分の改善を狙うことができます。

【原則5】小さなことから始めると変化は容易になる

クライエントもセラピストもより多くのことを望んだり，より早い効果や結果を期待しがちですが，行動活性化では段階的なアプローチによってクライエントの変化を支援していきます。絶望を感じているクライエントにとっては，行動を変化させることにとても困難を感じていますので，小さなことからが始めやすいといえます。

このように，行動活性化では，どのような行動もいかに小さな行動に細分化できるかが重要な鍵となります。そのうえで，セラピストがクライエントの行動レベルを把握し，協働作業を行いながらモチベーションを上げて，目標に従って行動を促します。ただし，目標やステップアップのレベルは，小さすぎても大きすぎても，結果としてクライエントの落胆と失望の原因になってしまいますので，クライエントとしっかり対話しながらステップアップして進めてください。

【原則6】自然に強化される活動を重視する

行動活性化の最終目的としては，抗うつ効果をもつ行動が環境（周囲）から自然に強化されるように支援をすることです。例えば，引きこもりがちなクライエントが，友人と接触して会話をするという行動の変化を起こした際に，友人が笑顔で話を聴いてくれると，クライエントは嬉しくなって話し続けることができます。このように，恣意的に褒美を与えて行動を強化するのではなく，クライエントの生活の中から自然に行動が強化されるように支援をします。

また，クライエント自身が自分の行動を自己強化できるようになることも大

切です。例えば，上記の例で，友人にかかわろうとして断られてしまった場合でも，行動を起こせたこと自体を評価して自己強化できるように支援します。

【原則7】コーチとして振る舞う

　セラピストは，クライエントの問題に手を貸すのではなく，優れたコーチとしてのスタンスを守ります。クライエント自身が自分の問題を自分で対処できるように戦略を立て，アイディアを提案したり，時には必要に応じて指示を出したり，励ましながらモチベーションを高めて支援をします。

　また，コーチの役割としてセッションを効果的に構造化します。はじめはセラピストが事例の概念化・定式化に沿ってアジェンダをコントロールしますが，次第にセッションが進むにつれて，クライエントが自らアジェンダをコントロールできるようになります。

【原則8】問題を解決する実証的なアプローチを重視し，すべての結果は役に立つと認識する

　問題を解決する実証的なアプローチとは，解決可能性のある策を生み出して評価，採用し，試みた結果を観察・評価して，再び次の策に活かしていくという一連のプロセスを繰り返す実証的な実験アプローチのことをいいます。セラピストとクライエントは協働しながら，生活の中でのクライエントの感情や生産性，達成感や満足感などを評価し，あらゆる場面でさまざまな行動を試みる計画を立て，その活動を続ける価値があるかどうかを判断します。

　時には，クライエントが頑張って行動したのに，気分が改善しないこともあるかもしれません。そんなときは，セラピストは目先の成功だけでなく，問題を解決しようとする態度こそが大切であるというスタンスに立って，肯定的な態度を取り続けることが重要です。どうして成功できたのか，あるいは，失敗してしまったのか，行動や環境など全てを分析するとクライエントに関する有用な情報を得ることができます。

【原則9】話をするだけでなく行動する！

　セッションの中でセラピストが「やってみてください」というだけでは意味

がなく，クライエントが実際に自分の生活の中で行動し，それを評価することが重要となりますので，ホームワークは必須となります。セラピストはクライエントと活動計画について話し合い，課題に取り組みやすくするには何が必要かを検討し，時間や頻度のほか，持ち物や服装，さらに着心地なども考慮してスケジュールを立てると成功する確率が上がります。

　しかしまた，念入りに立てた計画も次回のセッションで振り返りをしなければ，クライエントはホームワークをやらなくなってしまいますので，ホームワークを出したら必ず振り返りを行います。試した結果，行動できなかったときは一緒にその問題を分析する必要がありますし，行動できたときは次週に行うホームワークの頻度や強度を増やすことができます。

【原則10】活性化に向けて予想される障害と，実際の障害のトラブルシューティングを行う

　いかなる心理療法であっても問題は必ず起きるといえます。そのため，セラピストは，クライエントが課題を遂行する上で発生可能性のある障害を事前に予想しておき，将来同様の障害が起こる危険性を減らすためにも，障害が起きたときにトラブルシューティングを行って活性化を促進させていきます。

行動活性化の進め方

　行動活性化を効果的に進めるためには，クライエントの生活行動に関する詳細な「行動分析」をすることです。行動活性化は，うつ病の理解に特定の病理を想定するのではなく，クライエントのうつ状態を維持させている「状況−行

動－結果」の関係性の文脈を捉えることが重要です。

導入前には次の点に気をつけてください。

1．行動活性化を導入する前に

（1）行動活性化を導入する前に協働関係を築く

セラピストとクライエントの関係性が弱いまま，急いで導入しようとしないことが大切です。なぜなら，両者の間に十分なラポールや協力関係が築かれていなければクライエントは自分自身が変わる必要性を理解できないので，変化を受け入れられずに失敗に終わる可能性が高くなります。

（2）変化に対する心の準備の程度を確認する

クライエントは変化を期待する反面，不安や恐れも併せもっています。行動活性化を導入する前のクライエントの意欲の高さと，受け入れ準備がどの程度できているかを判断し，クライエントにまだ変化へのこころの準備ができていない場合には介入を延期します。一方，クライエントが前向きな行動を起こすことに意欲的であれば，その意欲を活かしてモチベーションを高めます。

（3）変化への下地を作っておく

導入に向けて，行動を起こす利点がわかってもらえるような質問や，行動を変えていく意欲を引き立てるような質問を試みます。例えば「これを変えたら，どのような気分になると思いますか？」という質問をした場合に，答えが肯定的で，期待値を含んだ回答が返ってくれば，クライエントがその課題をやり遂げる可能性はより高くなります。例えば，クライエントが変化に肯定的であれば問いに対して「自信がつくと思います」と答えますし，否定的あるいはこころの準備ができていなければ「わかりません」と答えるか，クライエントの非言語にメッセージが出てくるでしょう。

2. 心理教育

多くのクライエントにとって，うつ病に関するさまざまな病理モデルを知ることは，気分の落ち込みや調子の悪さを自分の性格や能力のせいにすることなく，病気の症状として客観的に理解するのに役立ちます。しかし，その一方で，病理を理由にして活動が減ってしまうともいえます。

したがって，行動活性化を導入する前に「内から外へ」という悪循環から，「外から内へ」という発想の転換を心理教育することが重要となります。すなわち，調子が悪いから行動できないと思うのではなく，行動をやめてしまうこと自体がうつ状態を維持させているということが理解できるように促し，クライエントの苦痛に共感しながらも気分と活動を切り離すことを支援していきます。

3. 活動記録表によるモニタリング

行動活性化では，まずクライエントに自分の行動を振り返ってもらい，特定の行動が自分の気持ちを沈み込ませたり，逆に軽くさせたりすることに気づけるように支援します。なぜなら，クライエントが自分の行動と気持ちが連動していることに気がつくと，行動を変えてみようというモチベーションを高めることができるからです。

したがって，行動活性化はこのような活動のセルフモニタリングから始まって，それを実際に認識する最良の方法として「活動記録表」（付録 -4，p.144）を利用します。活動記録表は「行動の見える化」であり，行動活性化のアセスメントとして主要なツールとなっています。活動記録表は，1時間ごとの活動と気分を評価する形式がよく用いられますが，クライエントに合わせて精神健康レベルや目的次第でアレンジもできます（図6-3，6-4，6-5）。

また，活動モニタリングは，基本的には次のセッションまでの間，クライエントの毎日の活動とそのときの気分を記録してもらいますが，その際，クライエントがどのように自分を観察するかについては，かなり柔軟性をもたせて構いません。記入量はそれほど多くなくてよく，個々の活動について大量の記録を書くよりも，活動を思い出す手がかりとして簡単に書き留めておくだけでも

活動記録表

1. 毎日の活動状況を記入してください。（例）起床・テレビ・食事など）
2. 活動に伴う気分や感情を（0％〜100％）を数字で記入してください。

時間	月 日 月曜日	月 日 火曜日	月 日 水曜日	月 日 木曜日	月 日 金曜日	月 日 土曜日	月 日 日曜日
午前0時	就寝	就寝（不安20％）			入浴		就寝
午前1時							
午前2時				就寝（不安50％）	就寝（疲れ30％）	就寝（無力感80％）	
午前3時							
午前4時							
午前5時							
午前6時							
午前7時	起床（不安30％）	起床（だるい30％）	起床（不安70％）		起床	起床（不安50％）	起床（達成感10％）
午前8時	朝食	朝食	朝食		TV		朝食
午前9時	ネット（楽しい30％）		読書	起床（だるい80％）	↓	朝食	読書（怖い10％）
午前10時	↓	家族と買物（面倒30％）	↓			読書	↓
午前11時	↓	↓	↓				
午後0時	昼食	↓	昼食	昼食	昼食	昼食	昼食
午後1時	昼寝（罪悪感40％）	↓	昼寝（罪悪感60％）	DVD	TV	昼寝（罪悪感40％）	昼寝（罪悪感40％）
午後2時	↓	↓	↓	↓	↓		掃除（達成感80％）
午後3時	ネット（楽しい30％）	（うれしい60％）	↓	昼寝（罪悪感40％）	昼寝（罪悪感80％）	散歩（すっきり20％）	ネット
午後4時	↓	↓		友人と会う（不安20％）	↓	ネット	↓
午後5時	↓	↓	メール（怒り30％）	↓		↓	↓
午後6時			↓	↓	夕食		
午後7時	夕食（美味しい10％）	夕食	夕食	（楽しい80％）		夕食（美味しい10％）	夕食
午後8時	TV	メール（悲しい20％）	友人と電話（怒り70％）	↓	TV	TV	TV
午後9時	入浴	入浴	入浴	↓	入浴	入浴	入浴
午後10時	読書	ネット	読書				
午後11時	就寝	就寝					

図 6-3：活動記録表（自由記入）の例

活動記録表 ・ 記録する気分 （　　　　　　うつ　　　　　　）

1. 毎日の活動状況を記入してください。（例　起床・テレビ・食事など）
2. その時の（　　　　　　　　　　）気分や感情をそれぞれ 0 ％〜 100 ％で記入してください。

時間	月　日		月　日		月　日	
	月曜日		火曜日		水曜日	
午前 0 時						
午前 1 時	テレビ 30 ％		目が覚める　100 ％			
午前 2 時	テレビ　20 ％		ゴロゴロ　100 ％			
午前 3 時	就寝					
午前 4 時						
午前 5 時						
午前 6 時						
午前 7 時						
午前 8 時						
午前 9 時						
午前 10 時	起床・朝食　40 ％					
午前 11 時						
午後 0 時						
午後 1 時	友人とランチ					
午後 2 時	買い物					
午後 3 時	映画		昼食　80 ％			
午後 4 時			ゴロゴロ　70 ％			
午後 5 時		60 ％				
午後 6 時						
午後 7 時	夕食　80 ％					
午後 8 時	入浴　90 ％		夕食　60 ％			
午後 9 時	就寝　100 ％		ネット　50 ％			
午後 10 時						
午後 11 時						

図 6-4：活動記録表（気分特定）の例

活動記録表　・　記録する気分（　楽しい・喜び＝ P，達成感＝ M　）

1. 毎日の活動状況を記入してください。（例　起床・テレビ・食事など）
2. その時の楽しみ・喜び（P）と達成感（M）をそれぞれ点数で記入してください（0 ～ 10）。

時間	月　日 月曜日	月　日 火曜日	月　日 水曜日
午前 0 時			
午前 1 時			就寝
午前 2 時			
午前 3 時			
午前 4 時			
午前 5 時			
午前 6 時			
午前 7 時			
午前 8 時		起床　M=5	
午前 9 時		朝食　M=3，P=3	
午前 10 時		TV　P=2	起床　M=1
午前 11 時			
午後 0 時			昼食　P=1
午後 1 時			ベッドで横になる
午後 2 時			
午後 3 時		おやつ　P=3	
午後 4 時		散歩　M=8，P=3	
午後 5 時			
午後 6 時		夕食　P=4	夕食　P=1
午後 7 時			TV　P=3
午後 8 時		入浴　M=4，P=2	
午後 9 時		ネット　P=5	ネット　P=2
午後 10 時			
午後 11 時			就寝　M=4

図 6-5：活動記録表（P と M）の例

いいです。活動を細かく書き出すことができない場合には，プラスにしてもマイナスにしても，気持ちが動いた活動だけを記入するといったように，クライエントの負担にならないように配慮してください。

※気分を自由に記入（図 6-3）してもらったり，特定の気分をターゲットにしたり（図6-4），あるいは「喜び・楽しみ＝ P」と「達成感＝ M」に置き換えて（図 6-5）記入してもらうこともできます。

［活動記録表の記入ポイント（活動モニタリングの方法）］

a．何をモニターするのか決める

毎日 1 時間ごとにどのような活動を行ったかを記録してもらいますが，その際，実際に行った日常的な行動を，どんな些細なことでもありのまま記入してもらうようにします（例：起床，着替え，食事，移動，テレビ，ネット，電話，仕事，入浴，就寝など）。

そして，それぞれの活動の影響力を判断するために，各活動に対して感じた気分を記録してもらいます。はじめは感情の代わりに活動に伴う達成感や楽しさを記入してもらったり，慣れてくると特定の感情（例えば，悲しみ，怒り，不安など）を記録してもらうこともできます。

b．達成感や感情の強さをモニターする

活動に伴う達成感や感情を記入したら，その強さ（0 〜 100 ％）もモニタリングして評点化を行い記入します。

（例）：評点が 0 であれば，その活動からは達成感が全く得られていないことを表し，評点が 100 ％であればその活動から大きな達成感が得られたことを示しています。

細かく評価するのが難しい場合には，「気持ちが軽くなった活動を○」「あまり気持ちが変わらなかった活動を△」「つらくなった活動を×」という 3 段階で評価してもらうこともできます。

c．活動後すぐに記入する

活動した後に，できるだけ早く記入するようにします。時間が経つと，行動したときに感じた気持ちが薄れてしまい，忘れて未記入になる，あるいは事実

と異なってしまう可能性が高くなるからです。

d. 活動モニタリングのタイミングを決めてもよい

毎日，目が覚めているときに，常に１時間ごとに記録をつけられれば正確性は増しますが，実用的とはいえません。であれば，３〜４時間ごとに思い出しながら記録することで，信頼性は劣っても有益な情報が得られます。それでも難しいクライエントには，スポットでチェックする方法もあります。やり方は課題を出すときに，あらかじめ活動をモニターする特定の時間を決めて記録します（例：月曜日と水曜日の午前８時から12時など）。

4. 活動モニタリングを検討する

クライエントがモニタリングしてきた記録表を一緒にアセスメントしながら検討し，クライエントの行動パターンを理解しながらスケジュールを立てていきます。クライエントの楽しみや，やりがいのある活動や，気分が改善する行動レベルを評点化して，行動と気分の関連を協働的に確認しながら，表6-2の「活動モニタリング検討リスト」にある項目について検討をしてみるといいでしょう。その中で，クライエント自らが楽しめる活動とやりがいのある活動の役割について，さらに，クライエントの回避パターンについての結論を導き出して，行動を変えていこうと自ら思えるようにすることが重要です。

また，活動を評価する際は，理想的な状態を基準にして判断しないようにします。例えば，クライエントによっては，皿洗いやコーヒーを入れるなどのありふれた作業は重要ではないと判断して，低い評点をつける場合があります。その場合，小さな成果も一歩一歩の積み重ねとして評価できるように，クライエントが自分自身を褒めることができるように支援する必要があります。

[図6-5 の検討例]

Th：火曜日の「ネット」は「楽しい＝５」と書いているのに，水曜日の「ネット」は「楽しい＝２」になっています。同じ「ネット」で何か違っていたことはありますか。

表 6-2：活動モニタリング検討例
Wright ほか，大野・奥山監訳（2018）『認知行動療法トレーニングブック（第 2 版）』医学書院，
p.161 より改変

〈活動モニタリング検討リスト〉

■ 目立って快感情を感じている時間はあるか
■ どのような種類の活動が快感情をもたらしていると思われるか
■ 快感情を伴う活動は，別の日に再度行うことは可能であるか
■ 快感情が低下していると思われる特定の時間帯はあるか
■ その時間帯における活動パターンを改善するためには何ができるか
■ どのような回避パターンがあるか
■ 他者とかかわる活動に対する評点がほかの活動に比べて高いか
  そうであれば，社会的接触の機会を増やすことはできないか
■ 以前行っていた活動で現在は止めてしまった，または頻度が減ってしまった活動は何か
  こうした活動に対する興味を再び高める機会はないか
■ さまざまな活動の種類（例：運動・音楽・アート・読書・料理など）のうち，クライエント自身は見落としているが，興味を引く可能性のあるものはないか
  またクライエントに，新しい活動や異なる活動を加える気持ちはあるか

Cl：（活動記録表を見ながら）うーん，なんだろう……。その日は一日気分が乗らなかった気がします。

Th：何かあったのでしょうか。

Cl：特に何もなかったと思います。

Th：火曜日の夜にネットで楽しんで就寝して，水曜日は起床時から「達成感1」と低いですね。

Cl：あ！　起きた時間だと思います。

Th：何か起きた時間と気分に関係がありそうですか。

Cl：せっかく前の日は 8 時に起きられたのに，また起きたのが 10 時になってしまったので，なんだか一日へこんでしまいました……。

Th：そうだったんですね。朝，早起きすると達成感になるし，遅く起きると
　　へこんでしまう，起床時間がその日の一日の気分に大きく影響を与えて
　　いるということがわかってよかったですね。

 【Work 15】：活動モニタリングを検討する

① 図6-3の活動記録表にある行動パターンや，活性化したい行動，回
　避的傾向などを検討します。

 「活動モニタリング検討リスト」（p.122）を参考にしなが
　ら，書き出してください。

② 書き出したリストを参考にしながら，クライエント役に確認し，協働
　作業で活動モニタリングを検討します。

 ［図6-5の検討例］（pp.121-123）を参考にしてください。

③ 最終的に優先順位の高いものから，活性化のターゲットとする活動を
　1つ選んでください。

5．活動スケジュールを作成する

　検討した内容を参考にしながら，次のようにクライエントと協働して活動の
計画を立てていきます。はじめから難しい活動に取り組もうとせず，可能な範
囲で計画を立てて，できることから少しずつ始めることが大事です。

（1）達成感および快感情を高める

　気持ちを楽にしてくれるような行動を増やすには，好ましくない行動を減ら
すか健康的な行動を増やすかという，2つの方策が考えられます。しかし，好

ましくない行動を減らすのはとても難しいので，むしろ健康的な行動を増やすことで，自然に抑うつ的な行動の減少をねらう方がたやすいといえます。

　そこで，抑うつが強く，毎日の生活の中で「達成感」や「快感情」が少なくなっているクライエントには，自分自身に肯定的な感情を抱かせるような活動スケジュールを立てるように促すことで，現状からの改善に向けた支援が可能となります。クライエントが楽しめる活動ややりがいを感じる活動，さらに抑うつ状態になってから実行しなくなった活動や行動などをリストアップしてターゲットにします。そのほか，今までやったことのない活動から，やってみたいものを選んでもらうというのも１つの方法です。

　そして，リストアップされた活動を困難度から順位づけて活動階層表（表6-3）を作成し，これらの活動を困難度の低いものから徐々にステップアップさせて，快活動を増やす行動活性化を行うことでこころを元気にしてくれます。さらに，実際に活動を行った後の「達成感」や「快感情」を評点化（気分の評定）してみるのもいいでしょう。

表 6-3：活動階層表の例

	達成感	喜び 楽しみ	困難度	試す日時	気分の評定
買い物	5	5	5		
掃除	5	2	5		
図書館に行く	4	4	5		
犬の散歩	3	3	5		
映画鑑賞	3	5	4		
読書	4	3	3		
入浴	2	3	2	〇月〇日 10 時	スッキリ 60 %
水やり	2	2	2		
音楽鑑賞	2	2	1		
絵を描く	3	3	1		

また，行動といっても体を動かすだけではなく，「何もしない」という行動
をとることで気持ちが楽になることもあります。例えば，空や海などの景色を
眺めたり，お風呂にゆっくり浸かったりするだけでも気持ちが楽になります。
疲れているときは積極的に休養することが効果的ですから，その場合には休養
も健康ための行動だと考えることができます。

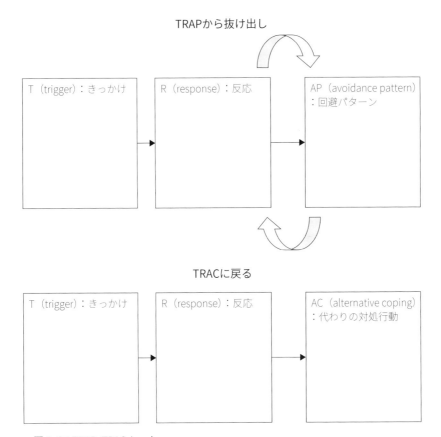

図 6-6：TRAP-TRAC シート
マーテルほか，坂井・大野監訳（2013）『セラピストのための行動活性化ガイドブック：うつ病
を治療する 10 の中核原則』創元社，p.203

(2) 回避パターンからの克服

　私たちは気分が落ち込むとその気分に合致した行動をしてしまう，つまり，行動を制御し，現実を回避するようになって，より落ち込む方向に進み続けるという行動をとってしまうことがよくあります。

　したがって，行動活性化による介入の多くは気分に振り回されずに，自分の生活の中で価値を置いているような目標や計画に従って，行動ができるようになることを目指します。その際に，クライエントが何を回避して今の生活パターンになっているのか，どのように生活を取り戻せばよいのかを知るために利用できるのが「TRAP-TRAC シート」です（図 6-6）。

　現実を回避するような行動パターンを「TRAP」で機能分析します。そして，回避行動パターンに代わる行動，すなわち「代わりの対処行動」を見出して健康的な行動に戻れるように「TRAC」を支援していきます。

6. クライエントを活性化する

　しかし，精神的に疲れているときに「楽しくなる行動をしましょう」と言われても，そう簡単に実行できるものではありませんし，元気なときのように行動することはできません。したがって活動は，はじめから難しいことに取り組むことのないように注意をしましょう。

［活性化のポイント］

a. 気分を変える鍵は行動を変えるように支援することである

　これは「行動活性化の中核原則の 1」です。行動活性化による介入は「内から外へ」ではなく，「外から内へ」の活動ができるように支援します。特に無気力なクライエントは「取り組むことが難しい」と考えやすくなりますが，セラピストはその考えを 180 度転換して，外から，つまり気分ではなく目標や計画に沿って活動するように心理教育をします。

　また，できるかできないかという考えにとらわれないように伝えます。結果にこだわると行動に移りづらくなります。行動活性化で行う活動は「実験」ですから，どの行動が役に立つ行動であるかは活動してみないとわかりません。

b．気分ではなく計画に沿って活動を構造化しスケジュール化する

　これは「行動活性化の中核原則の4」です。多くのクライエントは行動しようと思っていても，やはりそのときの気分に従った行動をとりやすいものです。例えば，行動を変えたいという気持ちがあっても落ち込みが強いと「できない」「やりたくない」と考えやすくなりますし，あるいは，気分がいいと「もっとできる」「もっとやりたい」と考えやすくなります。

　したがって，クライエントが活動に専念する日時をあらかじめ設定してスケジュール化しておくことで，そのときの気分に左右されにくくなります。同じく，活動の構造化についても，活動の期間，頻度，強度のほか，どこで活動するか，他の人を含めるかどうかなどをクライエントの現状に合わせて，あらかじめ具体的に決めておくことで無理なく達成できるようになります。

c．小さなことから始めると変化は容易になる

　これは「行動活性化の中核原則の5」です。抑うつ症状が強いと，1つの活動でさえも圧倒されてしまうことがあります。さらに，クライエントがその課題を「困難だ」と認知してしまうと，行動を起こせない原因にもなります。例えば，予定どおりこなせていない課題や，期限が近づいているのに先延ばしにしている課題，あるいは目標を達成するのに長時間の努力が必要となる課題などに，このような傾向が見られます。

　全ての活動には手順がありますから，それらの手順を小さな行動に細分化して簡単なものから並べ，スモールステップで課題を1つずつこなしていくことで目標を達成することができます。最初は大変そうに見えるものでも，スモールステップで取り組むと意外に先に進むことができ，そうすると少しずつクライエントに自信がついてきます。このようなステップ化をさせることで「何もできない自分」という認知が変わり，認知と行動の好循環が生まれてきます。

　一方で，スケジュールや構造化を検討する際に，クライエントは今までできた行動を過大評価して，簡単にできると考えてしまいがちになることもあります。このようなときは，クライエントとセラピストがともに確信のもてる段階から始められるように，セラピストはクライエントを導いてください。例えば，以前はジョギングの習慣があったというクライエントが，「これを機にま

た毎日ジョギングをしたい」と言った場合です。セラピストが「週に1回10分」という頻度で行うことを提案しても，クライエントはそれを受け入れず，「せめて週に3回30分」と希望するかもしれません。はじめは無理をさせずに，まずは「週に1回10分」を達成させて，それができてから徐々に回数や頻度，強度などを増やしていくことができることを伝えてください。

d. 扱いやすい課題からスケジュール化する

クライエントの活力レベルおよび変更能力に見合った行動活性化を選択します。例えば，スタート時であれば，自分だけで完結する行動から始めるといいでしょう。友人と久しぶりに交流することで活性化したいと考えて，「友人とランチに行く」という計画を立てたとします。そうすると，この計画は友人の都合によって成功するかどうかが決まってしまいます。

このように，誰かの判断に結果が左右される行動ではなく，自分の行動だけで決まるような行動を選ぶようにしてください。先ほどの例でいうと「友人とランチに行く」ではなく，その前のステップとして「友人をランチに誘う」という計画にすることで実現可能となります。

また，クライエントにとっては，十分やりがいのある方がモチベーションにつながる一方で，負担が大きすぎるのもまた失敗のリスクが高まります。

e. 決断はクライエントに任せる

クライエントを手助けし，よい効果をもたらす可能性のある行動へと導くことはしますが，可能な限りクライエント自身に提案をしてもらい，セラピストがプランを実現するためのいくつかの選択肢を提供して，最終的な選択をしてもらいます。義務感から計画を立てていないか注意が必要です。

f. クライエントが実行できなくても簡単にあきらめない

大切なのは成功か失敗かではなく「情報を集めること」なのです。実行できなかったとしたら，どうしてできなかったのか，何がよくなかったのかを明らかにして次回の計画に活かします。これを繰り返して情報が集まれば，そこで何が問題になっているのかがわかります。できない要因は何か，それを解決す

るにはどうすればよいかを考えて，できることを少しずつ増やしていくように
します。
　（例）行動をさらに細分化する。
　　　　　妨害となった要因を探して変更する（曜日，場所，回数など）。
　さらに，成功率を上げるためにクライエントのモチベーションを上げたり，
必要であれば計画がうまくいくようにする方法を一緒に検討します。
　（例）行動リハーサルをする。
　　　　　イメージトレーニングをする。
　　　　　計画が実行できない場合の予備プランを考えておく，など。

［スケジュール作成例1（背景を探る）］

Th：水曜日の朝，遅くまで寝ていた状態についてもう少し話していただけま
　　すか。
Cl：はい。一度，目は覚めたんですけど起きれなくて，あと少し，と思って
　　いたら二度寝しちゃったようで，10時になっていました。
Th：金曜日の朝も10時に起きているようですが，同じ状態でしょうか。
Cl：金曜日は確か，起きたくない気分だったので，そのままベッドから出ま
　　せんでした。友達に予定をキャンセルされちゃったし。
Th：そうだったんですね。では，水曜日と金曜日の朝はどちらも10時に起き
　　ていますが，気分に違いはありますか。
Cl：うーん，そうですね……。水曜日はたぶん前の日に寝るのが遅かったか
　　ら疲れて起きることができなかったんだと思いますが，金曜日は起きた
　　くなかった，という感じです。
Th：それでは同じように遅く起きた日でも，そのときの気分に大きな違いが
　　ありそうですね。

　セラピストは，朝寝坊する背景に違いがあることに気づきました。それは，
夜更かしをしてしまい疲れて寝ている場合と，嫌なことがあってその日を回避
したくてベッドに居続ける場合とです。このような場合には，それぞれに異な
る活性化戦略を導入する必要があります。

［スケジュール作成例 2（細分化する）］

Th：先日，少しずつ外に出て人に会うことについて話し合いましたね。

Cl：はい，怖いですけど，そうしないと復職できないし……。

Th：誰か会いやすい方はいらっしゃいますか。

Cl：うーん……。会わないといけない人はたくさんいます。復職前には会社
　　の同僚には会っておきたいし，上司とも面談しなきゃいけないだろうし。
　　そういえば，大学の友人もずっと会ってないし，いつの間にか妹とも全
　　然会わなくなってしまったなぁ。あー，どうしよう，できるかなぁ……。

Th：そうですね，全てをやろうと思うと圧倒されて不安になりますよね。以
　　前に違う課題でスモールステップを作ったように，今回も作ってみるの
　　はいかがでしょうか。

Cl：はい，やってみます。

Th：先ほど何人か頭に浮かんだようですので，会うのが最も簡単な人と最も
　　難しい人という視点からランクづけをしてみましょうか。

Cl：はい。えーっと，上司はまず無理。で，妹も遠いし……，同僚と会うと
　　職場を思い出すから……，やっぱり大学の友人にしようかなと思います。

Th：それはいいですね。これまでにも何度かお名前が出ていたと思いますし，
　　私も賛成です。

Cl：彼女なら，きっと喜んでくれると思います。

Th：では，「大学の友人に会う」という目標を立てるとすると，どうなると思
　　いますか。

Cl：……（イメージしている）。

Th：何かに妨害されることも……。

Cl：……目標が高すぎるかもしれません。

Th：素晴らしいですね！　まさに，そのとおりですね！　その課題をもっと
　　細かくスモールステップにしましょう。次回のセッションまでの間に，
　　大学の友人にメールでお茶に誘うことから始めるのはいかがでしょうか。

Cl：それならできそうです。

Th：いつ頃メールを送れそうですか。

Cl：今日，家に帰ったらすぐにやります。

Th：もし，家に帰ったときに疲れていて面倒になったり，会うのが怖くなっ
　　てきたらどうしますか。
Cl：明日にします……。
Th：では，明日課題をやることに変更しますか。
Cl：……，そうしておきます。
Th：もし，朝，目が覚めてやる気がなくなったり，不安になったりしたらど
　　うしますか。
Cl：なんとか，その日のうちに打てるように頑張ります。
Th：「外から内へ」と「内から外へ」について話し合ったことを覚えていますか。それを思い出せば，朝できそうですか。それともこのセッションの
　　後，すぐにメールを送る方法もありますよ。
Cl：それが確実ですね。ここでメールして帰ります。
Th：それがいいですね。長い間，対人関係を避けてきたとすると，この問題
　　を解決するには少し努力が必要かもしれません。でもきっと，○○さん
　　ならできると信じています。また，それ以上のことを一気にやろうと思
　　わないでくださいね。
Cl：わかりました。お茶だけにしておきます。
Th：それでは，お茶をする場所について話しましょうか。
Cl：はい，わかりました。

　どの課題から始めるかを決める際に，クライエントが行うべきだと考えていることを優先するのではなく，現在できているところから始めることが肝要です。
　また，長期にわたって抑うつ症状と戦ってきたクライエントの場合，変化を起こすには時間がかかりますので，セラピストは小さなことから始め，可能な限り課題を細分化してスケジュールを作成しています。

7. ACTION

　セラピストが行動活性化において効果的な問題解決を促進するために，クリストファー R. マーテルら（2013）が「ACTION」と呼ばれる，クライエントが

変化するために行うプロセスをステップ化しています（表6-4）ので，以下にご紹介します。

表6-4：ACTION －セラピスト版

マーテルほか，坂井・大野監訳（2013）『セラピストのための行動活性化ガイドブック：うつ病を治療する10の中核原則』創元社，pp.130-131

Table republished with permission of Guilford Publications, Inc., from *Behavioral Activation for Depression: A Clinician's Guide*; permission conveyed through Copyright Clearance Center, Inc. via Tuttle-Mori Agency, Inc., Tokyo

ACTIONのステップを通して，セラピストはクライエントに行動活性化の鍵となる要素を覚えさせることができる。その要素とは，クライエントの行動の機能を評価する，クライエントがいつ回避行動を行っているかを同定する，クライエントはどのように状況に反応するかを選択する権利を持っていることを思い出させる，新しい行動を日常生活に取り入れる，結果を観察し結果から学ぶ，そして変化のプロセスを粘り強く続けることである。

Assess（評価する）：行動の機能を評価する

つまり，その行動がどのくらい役に立つかをクライエントが自問する。
その結果はどうか？
その行動は抑うつを強めてはいないか？
長期目標と矛盾してはいないか？
その行動は抗うつ効果があるのか？
長期目標と一致しているのか？

Choose（選択する）：活動を選択する

選択の概念は2つの理由で重要である。第1に，行動活性化は協同治療である。クライエントとセラピストは，パートナーとして協同作業を行う。クライエントは一緒に計画した活動から選択をする。第2に，多くのうつ病のクライエントは，自らが行為者であるという感覚，あるいは自らの生活をコントロールしているという感覚が

ない。クライエントに選択権があるとはっきりと指摘しながら，自分自身の生活をコントロールし影響を与えている力を強調する。クライエントは特定の行動を増やしたり減らしたりすることを選択できる。

Try（挑戦する）：選択した行動に挑戦する

計画を活動に移すことが行動活性化の中核である。

Integrate（取り入れる）：新しい行動を日常生活に取り入れる

これは理解しておくべき重要な考えである。うつ状態になって数ヵ月後，あるいは数年後でさえ，1度の活動が，強いインパクトをもたらす可能性はない。新しい行動をたった1度試みただけで，結果を評価するのは不十分である。「外から内へ」働きかけ，活動を増やしながら，効果を蓄積していくことが重要である。新しい行動を日常生活に取り入れるように繰り返し活動することで，気分と生活文脈の改善が導かれる。

Observe（観察する）：結果を観察する

もちろん，抗うつ効果のある行動を日常生活に取り入れることで，クライエントのうつ状態が改善されることを望む。そうなるかどうかは，クライエントが活動をスケジュール化し，活動を選択し，何度も挑戦して，活動を取り入れ，クライエントと一緒に何が起きたかを観察するまでわからない。結果を観察すること，何が作用し，何が作用しなかったかを学習すること，そして，この情報を将来の活動計画に役立てることすべてが行動活性化の鍵となる。

Never give up（あきらめない）：決してあきらめない

言い換えれば，このプロセスを継続するということである。新しい活性化の習慣を発展させ実行するには，努力の繰り返しが必要であ

る。こうした抗うつ効果のある行動は，たとえ圧倒されるネガティブな気分の渦中にいるときですら，徐々に自動的になる。

 【Work 16】：クライエントを活性化する

① 【Work 15】で選んだ活動のスケジュールを作成します。

② クライエントの活動の背景を探りながら細分化して，スケジュールを作成します。

　　［スケジュール作成例 1，2］（pp.129-131）を参考にし，クライエント役と協働作業しながら作成します。

③ 次回のセッションまでにやってくる課題（ホームワーク）を決めます。

解 答

解答－1（第2章） Work 2，3 解答例

【Work 2】

A：「突然，契約を更新しないと言われてしまいました。来月には正社員になるという話も出ていたので混乱しています。いきなりこんなひどい話ってありますか。自分の力不足だとは思いますが，こんなときどうしたらいいのでしょうか……。」

〈サポーティブな対応〉
　・突然更新しないと言われると混乱しますよね。
　・話が違うとなると頭に来ますよね。
　・突然仕事がなくなると，今後の生活が不安になりますね。

〈ディレクティブな対応〉
　・突然のことに備えて何か準備していたことはありますか。
　・力不足というのは，何か思い当たることはありますか。
　・具体的に何から解決したいか，トップ3を教えてくれませんか。

B：「うちの息子は言うことを聞かないので，しつけをしっかりしないといけないんですよ。別に厳しくしたくてしているわけではなくて，これが息子のためなんです。将来，息子はきっと私に感謝するはずですよ。それを妻は虐待だとか大げさに騒ぎ立てて……。先生はわかってくれますよね。」

〈サポーティブな対応〉
　・ずいぶん，息子さんのことで悩んでこられたのですね。
　・息子さんの将来まで心配されているのですよね。
　・わかってもらえないと思うと不安になりますよね。

〈ディレクティブな対応〉
　・厳しくする以外で，今までどんな方法を採られてきたのでしょうか。
　・しつけと虐待の違いは何だと思いますか。
　・奥様はどんな風に考えていると思いますか。

【Work 3】

A：「どうせ，私は負け組だから，努力とかしても結局ムダなんですよね。今さら何をやっても，勝ち組にはなれないんですよ。」

〈感情〉
　失望，悲しみ
〈思考〉
　「やってもムダ」
　「自分はダメだと決まっている」
〈ソクラテス式質問〉
　「努力をしても無駄だとすると，悲しくなりますね。これまで，どんな努力をしてきたのか，いくつか例をあげていただけますか。」

B：「私は生まれつき不幸なんだと思います。だから，いつも決まって悪い方向にいくんですよ。私じゃなくて，他の誰かに生まれたかった。」

〈感情〉
　悲しみ，虚しさ，怒り
〈思考〉
　「自分は生まれつきいいことがない」
　「自分である限り，いいことは起こらない」
〈ソクラテス式質問〉
　「いつも決まって悪い方向にいくと思うと，虚しくなりますね。ところで，『いつも』ってどれくらい『いつも』なんでしょうか。10回中，何回くらいでしょうか。」

解答－2（第4章） 認知行動療法事例定式化ワークシート（記入例：Work 8）

Wright ほか，大野・奥山監訳（2018）『認知行動療法トレーニングブック（第2版）』医学書院，p.61 を基に，筆者が作成

日付：20 ●● / ▲▲ / ■■

氏名：大野　里香（仮名）　　31 歳	

診断／症状：
気分の浮き沈みが激しい，悲観的，自責的，感情のコントロールが緩い（強い感情はキャッチできない），対人関係が苦手

形成期の影響（生育歴）：
東京都生まれ。両親と弟の4人で暮らしてきた。Mo は幼い頃から自分の気分次第で突然「死ね」と怒鳴ったりするヒステリータイプで，小学生の頃には髪の毛をつかまれ，振り回されたこともある。中学1年には死にたいと考えるようになって，意欲低下，現実感がなくなったと言う。その後 Mo の暴力はなくなるも，「ブス」「死ね」などの言葉の暴力は続いている。Fa は Mo を止められないが，よき理解者。成績は優秀で国立大学に入学，企業の人材を育成する人事コンサルタントとして就職するも，マーケティングの勉強がしたくて退社し，大学院に進学。卒業後は外資系生命保険会社に就職して，現在4年目。一人暮らしだが，電話では今でも Mo にののしられている。

状況的な問題：
現在の会社に入社して4年目だが，自信がもてなくて困っている。外資系の風土からか上司に問い詰められて答えられなくなったり，上から目線の同僚にも何も言い返すことができない。気分が沈むと感情がコントロールできなくなったり，かなり非適応的な認知が強くなる。

生物学的，遺伝学的および医学的要因（既往歴，家族歴など）：
Fa：なし。Mo：精神的素因あり（服薬）。Bro：ひきこもり経験あり。

長所／強み：
自己分析できる，頭がいい，受け入れれば素直，Fa と彼氏は理解者（Fa は彼氏と付き合うことを反対している）

目標：
長期：他人に影響を受けすぎず自分の軸を形成（アイデンティティの確立）し，自己を表現できるようにする。
短期：客観的視点の獲得，認知の修正

出来事1	出来事2	出来事3
飲み会で会話に入れない。	上司に仕事の案件を提出すると，「だから中途組は」と言われた。	同僚に「締め切りは今日でしょ？」と言われ，「聞いてない」とメールを返した。
自動思考	自動思考	自動思考
自分は上手く振舞えない。私が入ると嫌な気分にさせてしまうだろう。	私はいつも人を不快にさせてしまう。	なにも否定しなくてもよかったのではないか。嫌われたんじゃないか。こんなことを言った自分がいやだ。
情　　動	情　　動	情　　動
落ち込み。孤独。	（感情がわからない）	不安，イライラ。
行　　動	行　　動	行　　動
ますます話すことが思いつかなくなって離れてしまう。	ますます残業して仕事をこなす。	彼氏に何度も何度もメールをしてしまう。しばらく生活が乱れる。

スキーマ：
自分は人とうまく付き合えない。／駄目な人間だ。／他人から受け入れられない。／完璧でなければならない。／人より劣っている。／私はコミュニケーション能力がない。／人と深く付き合えない。

作業仮説：
Mo の影響から自己否定的になって自分を見失っている（アイデンティティがない）。自信のなさと対人スキル不足でコミュニケーションが上手く取れず，負の学習が続いてネガティブに。受け入れて欲しい気持ちから，他人の意見に振り回されて一喜一憂してしまう一方で，批判されたくない気持ちも強くなり，幼少期から形成された完璧主義がますます強くなっている。警戒心過剰，感情調節（－）。

計画：
①認知再構成法を用いて，CI が抱いている感情が非適応的なものであり，感情はコントロールできることを理解させる。②呼吸訓練や筋弛緩法などの気分を落ち着けるためのスキルを習得する。③上司や同僚に相談できるようにコミュニケーションあるいはアサーションスキルを習得する。④非適応的なスキーマを修正する。

付　録

付録ダウンロードについて

　付録の資料（Excel ファイル）は，金子書房ホームページからダウンロードできます。

『認知行動療法［ベーシック］――コミュニケーションのあり方と効果的なカウンセリングスキル』
https://www.kanekoshobo.co.jp/book/b512417.html
〔書影の下のバナーをクリックしていただき，下記のユーザー名とパスワードを入力してください〕

ユーザー名
cbtbasic

パスワード
Mpaa2019Rtb2013

ご利用にあたって

1．本サービスは，本書をご購入いただいた方のみご利用いただけます。上記のユーザー名およびパスワードは第三者に知らせないでください。
2．収録されているファイルはパソコンの動作環境に関する制限があります。うまく動作しない場合には，それぞれのソフトウェアの最新版でお試しください。
3．ファイルはご使用になる方の責任でお使いください。著者および出版社は，本サービスの利用による結果に関して，一切責任を負わないものとします。
4．すべてのファイルには著作権があります。ご使用は個人的な場面に限定し，無断転載・複製，ホームページなどへの掲載を含む第三者への頒布は禁止します。
5．本サービスの内容は予告なく変更になる場合があります。あらかじめご了承ください。

付録−1（第3章） 思考記録表（3コラム）

日　付	状　況	自動思考	気　分（%）
月　　日			
月　　日			
月　　日			
月　　日			
月　　日			
月　　日			
月　　日			
月　　日			
月　　日			
月　　日			
月　　日			
月　　日			
月　　日			
月　　日			
月　　日			
月　　日			

Wright ほか，大野・奥山監訳（2018）『認知行動療法トレーニングブック（第2版）』医学書院，
p.61 を基に作成

日付：

氏名：
診断／症状：
形成期の影響（生育歴）：
状況的な問題：
生物学的，遺伝学的および医学的要因（既往歴，家族歴など）：
長所／強み：
目標：

出来事1	出来事2	出来事3
自動思考	自動思考	自動思考
情　　動	情　　動	情　　動
行　　動	行　　動	行　　動

スキーマ：
作業仮説：
計画：

付録－3（第5章）　思考記録表（7コラム）

状況	気分（%）	自動思考	根拠	反証	適応的思考	気分の変化（%）

付録－4（第6章） 活動記録表

1. 毎日の活動状況を記入してください。（例 起床・テレビ・食事など）
2. 活動に伴う気分や感情を（0 %～100 %）を数字で記入してください。

時間	月 日 月曜日	月 日 火曜日	月 日 水曜日	月 日 木曜日	月 日 金曜日	月 日 土曜日	月 日 日曜日
午前 0 時							
午前 1 時							
午前 2 時							
午前 3 時							
午前 4 時							
午前 5 時							
午前 6 時							
午前 7 時							
午前 8 時							
午前 9 時							
午前 10 時							
午前 11 時							
午後 0 時							
午後 1 時							
午後 2 時							
午後 3 時							
午後 4 時							
午後 5 時							
午後 6 時							
午後 7 時							
午後 8 時							
午後 9 時							
午後 10 時							
午後 11 時							

引用・参考文献

アーロン・T・ベック著，大野裕訳（1990）認知療法――精神療法の新しい発展　岩崎学術出版社，p.86

ジュディス・S・ベック著，伊藤絵美，神村栄一，藤澤大介訳（2015）認知行動療法実践ガイド：基礎から応用まで　第2版　星和書店，pp.2, 3, 4, 5, 198-203

Eysenck, H. J.（Ed.）（1960）*Behaviour Therapy and the Neuroses: Readings in Modern Methods of Treatment Derived from Learning Theory*, Pergamon Press.
（H. J. アイゼンク編　異常行動研究会訳　1970　行動療法と神経症――神経症の新しい治療理論　誠信書房）

福原眞知子，アレン・E・アイビイ，メアリ・B・アイビイ（2004）マイクロカウンセリングの理論と実践　風間書房，pp.41-77

福島哲夫編（2018）公認心理師必携テキスト　学研メディカル秀潤社

初野直子（2016）認知療法系CBTのアセスメントとケースフォーミュレーション　臨床心理学 *16*（4），金剛出版

堀越勝（2013）認知行動療法を始める前に学んでおきたいコミュニケーションスキル・トレーニング　独立行政法人国立精神・神経医療研究センター認知行動療法センター，pp.10, 31, 59, 60-62

堀越勝，野村俊明（2012）精神療法の基本――支持から認知行動療法まで　医学書院，pp.23-37

乾吉佑，氏原寛，亀口憲治，成田善弘，東山紘久，山中康裕編（2005）心理療法ハンドブック　創元社

厚生労働省（2009）うつ病の認知療法・認知行動療法治療者用マニュアル

Lambert, M.（1992）Psychotherapy Outcome Research : Implications for Integrative and Eclectic Therapists. J. Norcross & M. Goldfried,（Eds）*Handbook of Psychotherapy Integration*, pp.94-129, Basic Books

クリストファー・R・マーテル，ソナ・ディミジアン，ルース・ハーマン－ダン著，坂井誠，大野裕監訳（2013）セラピストのための行動活性化ガイドブック――うつ病を治療する10の中核原則　創元社，pp.25, 130-131, 203
（Christopher R.Martell, Sona Dimidjian, & Ruth Herman-Dunn（2010）*Behavioral Activation for Depression : A Clinician's Guide*. The Guilford Press）

A・マレービアン著，西田司，津田幸男，岡村輝人，山口常夫共訳（1986）非言語コミュニケーション　聖文社，p.96

Meichenbaum, D. (1977) *Cognitive-Behavior Modification : An Integrative Approach.* Plenum

岡本泰昌（2012）うつ病の行動活性化療法　医学のあゆみ *242*（6・7），p.508，医歯薬出版

大野裕（2012）定型的（高強度）認知行動療法と簡易型（低強度）認知行動療法（シンポジウム：社会を動かすサイコセラピーの力）　心身医学 *52*（9）

大野裕（2016）職域における認知行動療法 ──ストレスチェック時代の活用術　精神科治療学 *31*（2），星和書店

大野裕，田中克俊（2017）保健，医療，教育にいかす簡易型認知行動療法実践マニュアル　きずな出版，pp.22，48，51-52，62，67，74，108

坂野雄二（1995）認知行動療法　日本評論社，pp.27-28

坂野雄二（2005）認知行動療法の基本的発想を学ぶ　こころの科学 *121*，pp.27-28，日本評論社

沢宮容子（2010）認知行動療法とは 現代のエスプリ *520*，ぎょうせい

下山晴彦（2007）ケースフォーミュレーションを学ぶ　臨床心理学 *7*（5），金剛出版

首藤祐介（2019）認知再構成法と行動活性化　精神療法 *45*（1），金剛出版

鈴木伸一（2012）行動活性化療法　臨床精神医学 *41*（8），アークメディア

鈴木伸一，神村栄一著　坂野雄二監修（2005）実践家のための認知行動療法テクニックガイド ──行動変容と認知変容のためのキーポイント　北大路書房，p.162

丹野義彦（2008）認知行動療法とは　内山喜久雄，坂野雄二編　認知行動療法の技法と臨床　日本評論社，p.3

丹野義彦（2014）心理療法の共通要因と認知療法ではどちらがうつ病に対して効果があるか ──効果量の再分析　認知療法研究 *7*（1），p.1，星和書店

Jesse H. Wright, Donna M. Sudak, Douglas Turkington, Michael E. Thase 著　大野裕訳（2011）認知行動療法トレーニングブック──短時間の外来診療編［DVD 付］医学書院

Jesse H. Wright, Gregory K. Brown, Michael E. Thase, Monica Ramirez Basco 著　大野裕，奥山真司監訳（2018）認知行動療法トレーニングブック［DVD／Web 動画付］（第 2 版）　医学書院，p.5，58-59，61，62，161

索 引

著者紹介

谷口知子（たにぐち・ともこ）

　慶應義塾大学を卒業後，国家公務員である行政職を経て心理職として生きることを決意。その後，帝京大学大学院文学研究科臨床心理学専攻を修了し，認知行動療法を中心に教育，司法，医療および産業分野において，幅広く臨床経験を積む。

　現在は，一般社団法人目白心理総合研究所理事長，Room Turn Blue 代表を務め，メンタルヘルス向上に関する支援活動やその他心理支援およびキャリア支援に関する活動を行って社会貢献をする傍らで，実践的なセラピストの育成にも力を注ぐ。

　さらに，一般社団法人国際 EAP 協会日本支部において，ブロードブラッシュ推進委員会委員長として EAP の普及に加え，EAP コンサルタントの育成に貢献している。

［資格］
・公認心理師
・臨床心理士
・CEAP（国際 EAP コンサルタント）
・キャリアコンサルタント
・CBT Extra Professional

認知行動療法［ベーシック］
コミュニケーションのあり方と効果的なカウンセリングスキル

2021 年 9 月 30 日　初版第 1 刷発行　　　　　　　　　　　　　［検印省略］

著　　者　　谷　口　知　子
発 行 者　　金　子　紀　子
発 行 所　株式会社　金　子　書　房
〒 112-0012　東京都文京区大塚 3 - 3 - 7
Tel 03-3941-0111（代表）Fax 03-3941-0163
振替　00180-9-103376
URL　https://www.kanekoshobo.co.jp
印刷／藤原印刷株式会社　製本／一色製本株式会社